AF548843

Regional – Nachhaltig – Demokratisch.

Genossenschaften als alternatives Wirtschaftsmodell

Roland Löffler, Diana Wetzestein,

Alexander Schilling, Kai Lehmann,

Tom Heintke und Michael Schmidt

Inhaltsverzeichnis

Vorwort

Mit diesem Band werden die Referate und Ergebnisse des 23. Delitzscher Gesprächs vorgelegt, das am 12. April 2018 unter dem Titel „Regional – Nachhaltig – Demokratisch. Genossenschaften als alternatives Wirtschaftsmodell“ stattfand und ein breites, fachlich interessiertes Publikum in die Genossenschaftsstadt lockte.

Der fortlaufende Prozess der globalen wirtschaftlichen Verflechtung und Konzentration, der zunehmend einhergeht mit negativen Auswirkungen auf Umwelt und Klima, hat längst den Blick freigemacht für alternative Formen des Wirtschaftshandelns. Einmal mehr geraten Genossenschaften in den Blickpunkt: Sind sie als basisdemokratische und unter Umständen auch gemeinwohlorientierte Institutionen in der Lage, auf verschiedenen Ebenen – in der Region, Stadt oder Gemeinde – einen besseren Beitrag für einen nachhaltigen und bewussten Umgang mit Gütern und Dienstleistungen zu leisten?

Roland Löffler, Direktor der Sächsischen Landeszentrale für politische Bildung in Dresden, geht in seinem Beitrag auf die Vielzahl der in kleineren Kommunen oder Kleinstädten angesiedelten Genossenschaften ein. Er ist der Meinung, dass dieses historisch gewachsene Modell Zukunftspotenzial besitzt, weil es wirtschaftliches Denken mit einem hohen Maß an bürgerschaftlichem Engagement verbindet. Dabei verweist er auf die aktuelle wissenschaftliche Diskussion rund um das juristische Modell der Genossenschaft, das durch die Novellierung des Genossenschaftsgesetzes von 2006 Veränderungen erfuhr.

Diana Wetzestein, Vorstandsvorsitzende der im November 2017 gegründeten WerraHanf Genossenschaft i.G. im nordhessischen Wanfried, stellt die Arbeit dieses Unternehmens vor, das den ökologischen Bio-Hanf-Anbau in der Region etablieren will. In kürzester Zeit konnte ein enormer Mitgliederzuspruch realisiert und ein gemeinsames Netzwerk mit anderen Gewerbetreibenden geschaffen werden. Die innovativen und in der Region unter dem Gesichtspunkt der Nachhaltigkeit produzierten Hanfprodukte erfreuen sich großer Beliebtheit.

Ein anderes Beispiel für ein innovatives Vorhaben ist die Wiederbelebung des Erfurter Schauspielhauses durch die im November 2016 initiierte Genossenschaft KulturQuartier Erfurt e.G.i.G. Der Aufsichtsratsvorsitzende Alexander Schilling berichtet über die Entstehung und den Fortgang dieses sehr ambitionierten Vorhabens. Um genug Eigenkapital – insgesamt ca. eine Mio. Euro – für den Kauf und die Sanierung des Schauspielhauses zusammenzutragen, wurde den Mitgliedern der Kauf von Aktienpaketen angeraten. Noch ist die Hürde der Finanzierung und somit der Realisierung nicht genommen, aber so viel lässt sich feststellen: Gerade das genossenschaftliche Modell eignet sich hervorragend, um auch in der Kulturarbeit Träume aus der Initiative einer engagierten Bürgerschaft heraus zu verwirklichen.

Kai Lehmann, seit 2009 selbstständiger Stadtführender in Berlin und seit 2012 geschäftsführender Vorstand der Stadtführergenossenschaft Vive Berlin e.G., unterstreicht ebenso die Leistungen der Genossenschaft als ein alternatives Wirtschaftsmodell. Ausschlaggebend für ihn ist ein Verständnis für Fairness, das sich besonders bei Genossenschaften feststellen lässt und sich in den Begriffen Regionalität, Nachhaltigkeit und Demokratie widerspiegelt. Fairness ist nach Lehmann die Grundlage gemeinschaftlicher Optimierung von Interessen und der Herausbildung geteilter und getragener Verantwortung für unternehmerisches

Handeln. Fairness ist zudem als Prinzip überall dort überlegen, wo das Wissen vieler Menschen erst die Produktqualität und Entwicklungspotenziale garantiert.

Schließlich präsentierten auf dem 23. Delitzscher Gespräch zwei Schüler des hiesigen Christian-Gottfried-Ehrenberg-Gymnasiums – Tom Heintke und Michael Schmidt, zugleich Gründungs- und Vorstandsmitglieder der EHRENBERG Schülergenossenschaft Delitzsch, ihre letztgenannte Einrichtung. Die Schülergenossenschaft wurde im Mai 2017 nach einem Besuch des Deutschen Genossenschaftsmuseums in Delitzsch auf Anregung des Geschichtslehrers Benjamin Gallin gegründet und nahm bislang eine rasante Entwicklung. So wurden gemeinschaftlich gestaltete T-Shirts gedruckt und „Burgerbasare“ durchgeführt. Ein nächstes Projekt ist die Eröffnung eines Schülercafés. Die Deutsche Hermann-Schulze-Delitzsch-Gesellschaft und das Deutsche Genossenschaftsmuseum möchten künftig ein Kompetenzzentrum für die Gründung weiterer Schülergenossenschaften in und außerhalb der Region einrichten und somit einen Erfahrungsaustausch zwischen gestandenen Genossenschaftlern und interessierten Schülergruppen ermöglichen.

Der vorliegende Tagungsband, zugleich Heft 23 der unserer Schriftenreihe, erscheint erstmals bei Books on Demand in Norderstedt und besitzt zusätzlich zur ISSN-Reihennummer eine ISBN-Nummer, was die Sichtbarkeit auf dem Buchmarkt deutlich erhöhen wird.

Dr. Axel Viehweger | Delitzsch im Januar 2019

Vorstands-Vorsitzender der

Deutschen Hermann-Schulze-Delitzsch-Gesellschaft e. V.

Roland Löffler

Regional – nachhaltig – demokratisch: Genossenschaftswesen, Gemeinwohlorientierung und Bürgerengagement

Einleitung

„In der Hierarchie von Bund, Land und Gemeinde steht, so sagt man gerne, die Gemeinde unten. In der Tat steht sie unten; aber so wie das Fundament unten steht, auf dem die Pfosten errichtet werden. Sie ist das Fundament des Staates. Und wenn dieses Fundament morsch wird, dann kann man oben versuchen, was man will – das Gebäude wird nicht halten. Die Gemeinde ist eben nicht nur eine Gebietskörperschaft, die ein bisschen kleiner ist als das Land oder gar der Bund – die Gemeinde hat eine besondere, humane Funktion. Sie ist der Ort, in dem wir das besorgen, was wir ‚Leben' nennen, wo wir all dem begegnen, was das persönliche Leben möglich macht und ausmacht. Sie lässt uns zunächst auf den Mitmenschen zugehen. [...] Wenn ich mir selber vereinfachend vorstellen will, was Demokratie eigentlich ist, so finde ich darin in erster Linie ein Ja zur Mitmenschlichkeit, zu einer Mitmenschlichkeit, die sich des eigenen Wertes bewusst ist und die deswegen auch dem anderen den Wert einräumt." Die Gemeinde ist deshalb „der Ort des Miteinander-Gehens und nicht des In-Reih-und-Glied-Stehens."[1] So beschrieb 1970 kein Geringerer als Carlo Schmid, einer der Väter des Grundgesetzes, „Die Demokratie als Lebensform".

[1] Carlo Schmid: Die Demokratie als Lebensform, Mannheimer Hefte 1/1970, S. 8–12, hier: S. 12.

Wenn auch Schmids Ausführungen bereits 48 Jahre alt sind und in ihrem Duktus vielleicht nicht mehr ganz der Begrifflichkeit unserer Tage entsprechen, sind seine Inhalte aktueller denn je: „Das Miteinandergehen“, die besondere Nähe des Menschen zur Gemeinde, die Potenziale der Mitmenschlichkeit – das alles spricht für eine Renaissance der Kommunen, der kommunalen Selbstverwaltung und einer Verstärkung der bürgerschaftlichen Mitverantwortung in Städten und Gemeinden.[2] Und es spricht auch für den Genossenschaftsgedanken, der auf den Prinzipien der Selbsthilfe, der Selbstverwaltung und der Selbstverantwortung beruht und zumeist auf regionale Lösungen setzt: Von den Wohnungsbaugenossenschaften, den landwirtschaftlichen Genossenschaften oder auch den vielen neuen genossenschaftlichen Modellen, die sich um die Themen Biogas, Windräder, Hanf drehen – bis hin zu Schüler- und Theatergenossenschaften, über die noch zu reden sein wird. Sie alle übernehmen regionale Verantwortung und arbeiten mit einem unternehmerischen Modell, dass zwischen reiner Marktorientierung und partieller Gemeinwohlorientierung liegt.

Neueste Studien haben gezeigt, dass 61 Prozent der über 15.000 in unserem Lande registrierten Genossenschaften in kleineren Kommunen oder Kleinstädten angesiedelt sind.[3] Dieses historisch gewachsene Modell besitzt Zukunftspotenzial, weil es wirtschaftliches Denken mit einem hohen Maß an bürgerschaftlichem Engagement verbindet. Engagement zur Bewältigung wichtiger gesellschaftlicher Fragen brauchen wir mehr denn je – sowohl in der Wirtschaft als auch in einer selbstbewussten Zivilgesellschaft, deren

---

[2] Einige Teile der Einleitung dieses Textes beruhen – in Teilen wörtlich – auf dem Aufsatz Madeleine Buchmann, Roland Löffler und Johanna Zielske: Miteinander gehen. Förderung der deliberativen Demokratie durch Bürgerbeteiligung in demografisch sensiblen Räumen. In: Hartmut Bauer, Christiane Büchner und Lydia Hajasch (Hg.): Partizipation in der Bürgerkommune, Potsdam 2017, S. 185–214.

[3] Vgl. Jana Priemer, Holger Krimmer und Anaël Labigne: Vielfalt verstehen. Zusammenhalt stärken. ZIVIZ-Survey 2017, Berlin 2017, S. 23. Siehe auch URL: www.ziviz.info/download/file/fid/276 [25.01.2019].

Finanzierung nicht perspektivisch weder allein auf Mitgliedsbeiträgen noch auf öffentlichen Fördermitteln beruhen sollte. Dies gilt für ganz Deutschland – und ganz speziell für die fünf neuen Bundesländer.

Genossenschaften als Schnittstelle zwischen Markt und Gemeinwohl

Die mitgliedergetragenen Genossenschaften spielen auf dieser Schnittfläche zwischen Markt und Gemeinwohl eine besondere Rolle. Sie sind höchst demokratische Unternehmensformen. Zweck einer Genossenschaft ist vorrangig die Förderung ihrer Mitglieder. Seit der Novellierung des Genossenschaftsgesetzes 2006 gibt es einen erfreulichen Boom an Neugründungen.[4] Viele dieser neuen Genossenschaften stellen andere Fragen, wollen noch stärker als bisher gemeinwohlorientiert arbeiten. Es ist deshalb wenig überraschend, dass sich in Wissenschaft und Gesellschaft gerade eine Debatte entwickelt, inwieweit die Genossenschaften überhaupt Teil der Zivilgesellschaft sein können, respektive ob Genossenschaften als Unternehmensform überhaupt einen breiteren gesellschaftlichen Auftrag besitzen bzw. besitzen sollten. Einerseits stehen bei einer Genossenschaft – anders als bei der GmbH oder der AG – nicht ein oder mehrere Kapitalgeber im Mittelpunkt, sondern die Mitglieder. Bei der Größe vieler Genossenschaften entsteht folglich rein quantitativ schnell ein größerer gesellschaftlicher Effekt. Andererseits ist der Zweck der Rechtsform zunächst nach innen gerichtet, auf den persönlichen Nutzen der Mitglieder und nicht der

[4] Vgl. Volker Beuthien u. a. (Hg.): Genossenschaftsgesetz. Mit Umwandlungs- und Kartellrecht sowie Statut der Europäischen Genossenschaft, 15., neu bearb. und erw. Aufl., München 2010. Vgl. Hartmut Glenk: Genossenschaftsrecht. Textsammlung, 4. Aufl., München 2013. Hartmut Glenk: Genossenschaftsrecht. Systematik und Praxis des Genossenschaftswesens, 2. Aufl., München 2013. Vgl. auch den komprimierten Text des Deutschen Bundestages mit besonderen Hinweisen zur Novelle von 2006 URL: https://www.bundestag.de/blob/407506/32a7e71a528d0fd4cef0ecac2783cc26/wd-7-092-13-pdf-data.pdf [25.01.2019]. Zur Novellierung des Genossenschaftsgesetzes von 2017 vgl. z.B. URL https://www.genossenschaftsverband.de/newsroom/news/aktuelle-politikmeldungen/aenderung-geng/ [25.01.2019].

Gesellschaft insgesamt. Die stärkere Verwirklichung des Gemeinwohlprinzips lässt sich aber auch innerhalb der Genossenschaften ändern, sofern es die Mitglieder wollen, beispielsweise durch die Veränderung der Satzung, der operativen Konzeption, der Haltung, dem Arbeitsfeld der jeweiligen Genossenschaft. Auch die Kooperation mit anderen gesellschaftlichen Partnern wäre ein denkbarer Weg zur Vertiefung der gesellschaftlichen Wirkung.

Im Grunde beschäftigt sich die Genossenschaftsbewegung seit ihren Anfängen mit der Frage des gesellschaftlichen Nutzens ihrer Arbeit. Es mag nicht unpassend sein, an dieser Stelle zwei Satzungen von Vereinen – Genossenschaften gab es damals dem Namen nach noch nicht – zu zitieren, die Hermann Schulze-Delitzsch gründete – die Schumacher-Association zu Delitzsch von 1849: „§. 1. Die unterzeichneten Meister der Schumacher-Innung zu Delitzsch vereinigen sich zu einer Association, welche die Beschaffung der zum Betriebe ihrer Profession erforderlichen Gegenstände und Materialien für gemeinschaftliche Rechnung bezweckt, um dadurch den einzelnen Mitgliedern, so viel als möglich, die Vorteile des Ankaufs in großen Posten zu gewähren und ihnen die Konkurrenz zu erleichtern." Der Zusammenschluss der Mitglieder zielt also erkennbar auf einen wirtschaftlichen Vorteil. Etwas anders liest sich der 1. Paragraf der Satzung der „Association zur Anschaffung nöthiger Lebensbedürfnisse zu Delitzsch", 1852 ebenfalls von Schulze-Delitzsch initiiert. Dort heißt es sehr viel gemeinwohlorientierter: „§. 1. Stiftung und Zweck der Association. Die Unterzeichneten vereinigen sich, behufs billiger und guter Beschaffung der nöthigsten Lebensbedürfnisse, zu einer Association."[5]

[5] Beide Quellenzitate nach Günther Ringle: Der genossenschaftliche Förderauftrag. Deutungsversuche –praktische Umsetzung – Fördererfolgsausweis. In: Günther Ringle und Nicole Göler von Ravensburg: Der genossenschaftliche Förderauftrag, Wismarer Diskussionspapiere 4/2012, S. 6–29, hier S. 6. URL: http://genossenschaftsgedanke.de/wp-content/uploads/2014/10/1004_RingleGoelervonRavensburg.pdf [25.01.2019].

Auch hier ist der Beschaffungsgedanke leitend. Erst im preußischen Genossenschaftsgesetz von 1867 wird der Gedanke der Mitgliederförderung fixiert. Günther Ringle verwies bereits seit einiger Zeit darauf, dass die Auseinandersetzung über den „Förderauftrag“ der Genossenschaften eine lange Geschichte hat.[6] Ringle macht deutlich, dass sich bei der Herausbildung des modernen Genossenschaftswesens sehr wohl der Aspekt des Nutzens der Mitglieder mit der Förderung allgemeiner, sozialer und kultureller Zwecke verband. Dieser Gedanke sei aber im Verlauf des letzten Jahrhunderts verloren gegangen. Genossenschaften hätten sich stärker wirtschaftlich profiliert und als ökonomische Leistungsgemeinschaft verstanden. Deutlich wird dies aus den Worten des damaligen Vorstandssprechers des Deutschen Genossenschafts- und Raiffeisenverbandes, Hans-Detlef Wülker, der 1995 sagte: „Genossenschaften verlangen Solidarität, aber sie verneinen Kollektivismus. Sie erfüllen nicht Ziele des Allgemeinwohls und haben keinen öffentlichen Auftrag, sondern fördern allein die Wirtschaft und den Erwerb ihrer Mitglieder.“[7]

Auch Ringle betont, dass der Förderauftrag der Genossenschaften ganz klar auf die Mitglieder ausgerichtet ist. Ihnen allein schuldet die Genossenschaft ihre Fördereffekte. Auch rät er zur Zurückhaltung, wenn es darum geht, Genossenschaften zu Aktionsformen von *Corporate Citizenship* (insbesondere Corporate Giving) zu verpflichten. „Die Genossenschaft würde damit eine ständige gemeinwirtschaftliche bzw. eine gesellschaftsbezogene Aufgabe und Verantwortung übernehmen“, was nicht ihr Auftrag sei. Ebenso lehnt er eine Interpretation des Genossenschaftswesens als „gegengewichtige Marktmacht“

[6] Vgl. Ringle und Göler von Ravensburg: Der genossenschaftliche Förderauftrag (siehe Anm. 5).

[7] Zitiert nach Nicole Göler von Ravensburg: Gesellschaftlicher Auftrag für Genossenschaften? In: Günther Ringle und Nicole Göler von Ravensburg: Der genossenschaftliche Förderauftrag, Wismarer Diskussionspapiere 4/2012, S. 30–45, hier S. 45.

ab.[8] Genossenschaften seien durch ihre Präsenz Marktteilnehmer und interagieren mit anderen Marktteilnehmern. Weniger kritisch sieht es Ringle, wenn eine Genossenschaft ein Förderportfolio entwickle, mit dessen Hilfe neben den originären Zweck, also dem *member value*, noch eine Zusatzaufgabe, nämlich der *public value*, trete.

In diese Richtung hatten sich die Diskussionslage und auch die Gesetzgebung mit der Novellierung des Genossenschaftsgesetzes von 2006 entwickelt. Nun können auch Assoziationen mit vornehmlich sozialen oder kulturellen Zielen als Genossenschaften firmieren. Doch auch sie agieren zunächst zum Nutzen ihrer Mitglieder. Es sei an dieser Stelle auch festgehalten, dass eine Genossenschaft nur dann gemeinnützig ist, wenn ihre Satzung nach den Regularien der Abgabenordnung[9] gestaltet ist und den steuerbegünstigten Zweck wirklich erfüllt. Diese Genossenschaften wollen dann explizit und intentional über die Förderung ihrer Mitglieder hinausgehen. Sie beruhen auf bürgerschaftlichem Engagement und dienen nicht dem Erwerbszweck der Mitglieder, besitzen eine zumeist klare regionale Verankerung. Nicole Göler von Ravensburg spricht deshalb von „Multi-Stakeholder-Gründungen", die nicht nur die eigentlichen genossenschaftlichen Nutznießer, sondern ein breiteres Umfeld einbeziehen,[10] oder sozialgenossenschaftlichen Einrichtungen.[11] Dieser Sektor verzeichnet einen regelrechten Gründungsboom, gerade, was Themen der Daseinsvorsorge, der der Gesundheitsvorsorge betrifft. Göler zu Ravensburg sieht in diesem neuen

[8] Ringle und Göler von Ravensburg: Der genossenschaftliche Förderauftrag (siehe Anm. 5), S. 14.

[9] Vgl. grundlegend Stephan Schauhoff: Handbuch der Gemeinnützigkeit, 3. Auflage, München 2010.

[10] Vgl. Göler von Ravensburg: Gesellschaftlicher Auftrag für Genossenschaften? (siehe Anm. 7), S. 39.

[11] Vgl. Nicole Göler von Ravensburg: Sozialgenossenschaften. Zwischen Selbsthilfe und Gemeinwohlorientierung?, abrufbar unter https://fes.de/abteilung-wirtschafts-und-sozialpolitik / 25.01.2019. Vgl. Nicole Göler von Ravensburg: Genossenschaftliche Neugründungen. Unterstützung durch die Wissenschaft. In: Zeitschrift für das gesamte Genossenschaftswesen [ZfgG] 2/2011, S. 127–140.

Typ Genossenschaften eine Chance. Sie erklärt zugleich deutlich, dass der gesellschaftliche Auftrag dieser Genossenschaften, soll er nicht im Widerspruch zum Förderauftrag an die Mitglieder stehen, von den Mitgliedern selbst kommen muss. Sie plädiert auch dafür, den Argwohn gegenüber Multi-Stakeholder- und Produktivgenossenschaften abzubauen. Zugleich verweist sie darauf, Fragen des Wettbewerbsrechts zu berücksichtigen. Zudem gibt sie zu bedenken, dass noch offen ist, „ob eine adäquate Antwort auf ein gesellschaftliches Problem in der genossenschaftlichen Organisation besser gefunden werden kann, als in einer anderen Organisationsform – und das wäre der einzige Grund, um eine rechtsformspezifische externe Förderung rechtfertigen zu können. Darum kann es in Einzelfällen durchaus berechtigt sein, genossenschaftliche Modellprojekte zeitlich begrenzt extern zu fördern."[12]

Günther Ringle verwies 2016 wiederholt darauf, dass Genossenschaft sich dezidiert als Corporate Citizens verstehen müssen, um über ihren eigenen Bereich hinaus zu wirken. Zudem fragt er nach der „Sozialleistungsfähigkeit einer Genossenschaft", die sich an wirtschaftlichen Parametern orientieren sollte. Dazu rechnet er: „Eine tragfähige Unternehmensgröße und ein ausreichender Ökonomisierungsgrad der Genossenschaft sowie eine zufriedenstellende Wettbewerbssituation der Genossenschaft, eine in Relation zur Finanzkraft der Genossenschaft vertretbare Größenordnung des bürgerlichen Engagements, Verträglichkeit der Aktivität auf der Ebene der Gemeinnützigkeit mit dem mitgliederbezogenen Förderauftrag sowie hinreichende Aussicht auf Erfolg der beabsichtigten Förderung des Gemeinwohls. Wirtschaftliche Leistungsfähigkeit und Markterfolg einer Genossenschaft bilden demzufolge nicht nur die Grundlage für die Erfüllung des Mitglieder-gerichteten Förderauftrags und damit

[12] Göler von Ravensburg: Gesellschaftlicher Auftrag für Genossenschaften? (siehe Anm. 7), S. 40–41.

für ihren Fördererfolg, sondern sind ebenso Voraussetzungen für ihr Sozialverhalten nach außen."[13]

Die Berliner Forscher Marleen Thürling und Stefan Haunstein haben in den letzten Jahren Statistiken und Kartenmaterial zusammengetragen,[14] das die regionale Verortung dieser sozialgenossenschaftlichen Neugründungen beschreibt. Sie zeigen, dass dieser Typ Genossenschaft stärker im ländlichen als im urbanen Raum existiert, allerdings mehr im Westen der Bundesrepublik als im Osten. Führend sind Bayern und Baden-Württemberg, während der Norden Deutschlands weniger Gründungen dieses Typs vorzuweisen hat. In Sachsen gibt es einige Neugründungen im Bereich der Dorfläden und Beispiele für Genossenschaften im Bereich Kunst, Kultur, Bildung sowie im Stadt- und Quartiersmanagement. Thürling und Haunstein stellen die These auf, dass „Genossenschaften dort häufig gegründet werden, wo ein besonderer Bedarf besteht, der beispielsweise von der Kommunalpolitik nur unzureichend bedient wird."[15] Der Bedarf allein reiche aber nicht zur Gründung aus. Es brauche auch Netzwerke, institutionelle Unterstützungsstrukturen und tatkräftige Schlüssel-akteure, man könnte auch ergänzen: ökonomische Aspekte, damit das

[13] Günther Ringle: Die soziale Funktion von Genossenschaften im Wandel, Wismarer Diskussionspapiere, Nr. 02/2016, 24.
[14] Vgl. Stefan Haunstein und Marleen Thürling: Aktueller Gründungsboom – Genossenschaften liegen im Trend. In: Nationalatlas aktuell 11/2 (02.2017) URL: http://aktuell.nationalatlas.de/genossenschaften-2_02-2017-0-html/ [25.01.2019]. Vgl. auch Marleen Thürling: Genossenschaftliche Selbsthilfe stärkt das Gemeinwesen. In: CONTRASTE. Zeitung für Selbstorganisation. URL: http://www.contraste.org/index.php?id=295 [25.01.2019]. Vgl. Marleen Thürling: Sozialgenossenschaftliche Unternehmen in Deutschland. Begriff, aktuelle Entwicklungen und Forschungsbedarf. In: Ludwig Theuvsen, René Andeßner, Markus Gmür, Dorothea Greiling (Hg.): Nonprofit-Organisationen und Nachhaltigkeit, Wiesbaden 2017, S. 459–468. Vgl. Marleen Thürling: Genossenschaften im Dritten Sektor: Potentiale und Grenzen. Im Spannungsverhältnis zwischen Wirtschaftlichkeit und sozialer Zielsetzung, WZB-Discussion Paper SP V 2014–301, Berlin. URL: http://bibliothek.wzb.eu/pdf/2014/v14-301.pdf [25.01.2019]. Vgl. Marleen Thürling: Neue Genossenschaften: Problemlösungspotential in Zeiten der Krise? In: Frank Schulz-Nieswandt und Ingrid Schmale (Hg.): Entstehung, Entwicklung und Wandel von Genossenschaften, Berlin 2013, S. 85–109.
[15] Haunstein und Thürling: Aktueller Gründungsboom (siehe Anm. 14).

genossenschaftliche Geschäftsmodell als Lösungsansatz für regionale Probleme favorisiert werde.

Ausblick

Der Boom an gemeinnützigen Neugründungen ist allerdings nicht auf die Genossenschaften beschränkt. Vergleichbare Entwicklungen lassen in den letzten 20 Jahren auch bei anderen Rechtsformen beobachten, sei es beim Vereinswesen, das seit der Wende einen Boom erlebt, sei es bei Stiftungen.[16] Explizit seien hier die den Genossenschaften nicht komplett unähnlichen Bürgerstiftungen erwähnt, aber auch die gGmbHs und gAGs oder die noch junge Rechtsform der Bürgeraktiengesellschaften. Auch hier verbinden sich unternehmerische und soziale Aspekte. Es kann in der gesellschaftlichen Debatte nicht darum gehen, irgendeine der genannten Rechtsformen besonders anzupreisen. Vielmehr muss die Rechtsform nach dem Sachverhalt, den handelnden Personen und den wirtschaftlichen Opportunitäten ausgewählt werden. Die Debatte zu Chancen und Grenzen neuer Genossenschaftstypen erscheint aus zwei Gründen von Bedeutung für Fragen des gesellschaftlichen Zusammenhalts:

a) Zum einen stellt sich immer mehr die Frage nach der gesellschaftlichen Wirkung sozialen Engagements – speziell unter den Stiftungen, die unter der europäischen Zinskrise leiden und nun neue Wege gehen müssen,[17] was den Einsatz finanzieller und personeller Mittel angeht. Die Wirkungsdebatte wird

[16] Zu den neuesten Zahlen im Stiftungssektor siehe die Website des Bundesverbandes Deutscher Stiftungen mit vielen Statistiken URL: https://www.stiftungen.org/stiftungen/zahlen-und-daten/statistiken.html [25.01.2019].
[17] Vgl. Bertelsmann-Stiftung (Hg.): Kursbuch Wirkung. Das Praxishandbuch für alle, die Gutes noch besser tun wollen. 4. Auflage, Berlin 2017.

aktuell auch in Deutschland stark durch angelsächsisch inspirierte Konzepte von Sozialunternehmertum und von *mission investing* bzw. *impact investing* geprägt.[18] Meines Erachtens lassen sich derartige Modelle nur bedingt auf Deutschland übertragen. Das hat mit der unterschiedlichen Verfasstheit der wohlfahrtsstaatlichen Systeme in den USA, dem Vereinigten Königreich und der Bundesrepublik Deutschland zu tun. Gleichwohl ist die Frage berechtigt, wie soziale Innovationen zukünftig generiert und bezahlt werden können. Die allermeisten Modelle sozialer Innovationen, die wir kennen, hängen hierzulande letztlich von öffentlichen Förderungen oder sozialrechtlichen Transferleistungen ab. In viel geringem Maße gelingt es, selbsttragende oder marktförmige Modelle zu entwickeln – oder eine Mischfinanzierung zu etablieren, an der sich die öffentlichen Hände, Stiftungen und Unternehmen als Sponsoren oder Endkunden beteiligen. Eigenständige, erfolgreiche *business cases* sind eher die Ausnahme als die Regel. Hier könnten die Genossenschaften als erprobtes wirtschaftliches Modell für soziale Innovatoren Hilfestellung leisten und Vorbild sein. Gerade weil sie am Ende kein primär soziales, sondern ein unternehmerisches Konzept verfolgen – und weil sie zugleich auf dem persönlichen Engagement und der Kapitaleinlage der Mitglieder beruhen.

b) Wir brauchen, ganz besonders dringlich in den ländlichen Räumen,[19] die stark vom demografischen Wandel betroffen sind, neue Modelle der Co-Produktion von Wohlfahrt.[20] In demografisch gebeutelten Regionen wird bürgerschaftliches

---

[18] Vgl. die Debatte z.B. unter https://www.stiftungen.org/stiftungen/blogs/globales-engagement/mission-investing.html – hier Annette Kleinbrod: Mission Investing. ein Blick auf Stiftungen in den USA, das Themenheft der Stiftungswelt 1/2017 zu „Kapital und Wirkung". Vgl. Bundesverband Deutscher Stiftungen, Eberhard von Kuenheim Stiftung der BMW AG, BMW Stiftung Herbert Quandt (Hg.): Impact Investing. Vermögen wirkungsorientiert anlegen – ein Praxishandbuch, Berlin 2016. Vgl. Melinda Weber und Antje Schneeweiß: Mission Investing im deutschen Stiftungssektor. Impulse für wirkungsvolles Stiftungsvermögen, Berlin 2012.

[19] Vgl. Christof Eichert und Roland Löffler: Landflucht 3.0. Welche Zukunft hat der ländliche Raum?, Freiburg 2015.

[20] Vgl. z. B. zur wissenschaftlichen Debatte das Themenheft des Public Management Review 8/2006 Nr. 4: Co-production: the Third Sector and the Delivery of Public Services Vgl. auch

Engagement nötiger denn je sein. Gerade hier bedarf es tragfähiger unternehmerischer Modelle, um drängende Probleme anzugehen. Unsere Bürgergesellschaft[21] lebt vom mündigen Bürger, vom Citoyen, der die Gesellschaft mitgestalten will. Co-Produktion von Wohlfahrt meint, neuen Spielraum zu schaffen für Zukunftsfragen unserer Gesellschaft – im Zusammenspiel von Bürgergesellschaft, den Akteuren des Sozial- und Wirtschaftssystems, der Verwaltung und der Politik.

Möglicherweise lässt sich mit dem Gedanken der Co-Produktion von Wohlfahrt auch der Streit über die Ausrichtung der Genossenschaften lösen. Wenn sich Genossenschaften im Sinne des Zusatzauftrags in das Netzwerk gesellschaftlicher Verantwortung einbinden lassen (was viele der Genossenschaften ja de facto seit 150 Jahren tun), dann können sie einen erheblichen *public value* produzieren, von dem alle profitieren: Die Mitglieder ebenso wie die Gesellschaft als Ganzes.

Eine derartige Partizipation der Bürgergesellschaft erwächst aus eigenem Antrieb – und am besten auch aus einem Mix von Finanzierungen und Verantwortungen, idealerweise regional, nachhaltig und demokratisch. Das ist ein Grundprinzip der Genossenschaft und das ist ein Grundprinzip einer bunten, vielfältigen, lösungsorientierten Bürgergesellschaft. In dem Sinne sind Genossenschaften wie Kommunen Orte des Miteinander-Gehens und nicht des In-Reih-und-Glied-Stehens. Wer miteinander geht, bliebt in Bewegung. Deshalb möge uns das Genossenschaftswesen in Deutschland und besonders die Bürgergesellschaft in den neuen Bundesländern weiter in Bewegung setzen.

Victor Pestoff und Taco Brandsen: Co-production. The Third Sector and the Delivery of Public Services, New York 2008.

[21] Vgl. auch Christof Eichert und Roland Löffler (Hg.): Die Bürger und ihr öffentlicher Raum. Städte zwischen Krise und Innovation, Freiburg 2016.

Zum Autor

Dr. Roland Löffler ist Direktor der Sächsischen Landeszentrale für politische Bildung in Dresden. Zuvor arbeitete er u. a. als Stiftungsmanager bei der Herbert Quandt-Stiftung in Bad Homburg und Berlin sowie der Stiftung Westfalen-Initiative in Münster.

Diana Wetzestein

Image- und Markenbildung für eine ganze Region. Die WerraHanf Genossenschaft i.G. regional – nachhaltig – demokratisch

Am Anfang steht immer die Idee. Den BioHanf-Anbau, die Herstellung von Hanf-Produkten, die Erforschung weiterer Einsatzmöglichkeiten und die Kommunikation über diese alte Kulturpflanze zu fördern – das ist die Idee der Initiatoren der WerraHanf Genossenschaft. Privatpersonen, Weiterverarbeiter, Händler und Biolandwirte sind Mitglieder der Genossenschaft. Bei ihnen wird die Rohware angekauft, in Manufakturen der Umgebung weiterverarbeitet. Es gibt erste Eigenmarken (Öl, Pellets, Nüsse, Flocken) der WerraHanf. Und überall dort, wo WerraHanf drin ist (Seife, Bier, Brot, Wurst, Brotaufstriche), weißt ein Aufkleber „WerraHanf inside" darauf hin.

WerraHanf inside Siegel

Sitz dieser Genossenschaft ist das nordhessische Wanfried im Werra-Meißner-Kreis an der Grenze zu Thüringen. Von dort fließt die Werra durch das Kreisgebiet und bildet mit der Fulda im niedersächsischen Hann. Münden die Weser. Von der Quelle bis zur Mündung sind es 300 Flusskilometer, die Auen und Felder an der Werra hat die Genossenschaft vor Augen, wenn sie von der WerraHanf-Region sprechen. Das ist die Vision.

In intensiven Gesprächen mit den ersten zehn Akteuren wurde ab Anfang 2017 das Vorgehen skizziert und am 1. November 2017 die Gründungsversammlung abgehalten. Nur 14 Monate später sind bereits 132 Personen aus zwölf Bundesländern Mitglieder dieser Genossenschaft. Darunter vier Landwirte mit Betrieben in Hessen und zwei Großbetrieben aus Thüringen. Zusammen bringen sie über 700 Hektar als potenzielle Bioanbauflächen in die Genossenschaft, zudem Technik, Lager, Know-how und den Gründergeist. Weitere Agrarflächen, für die eine Umstellung von der konventionellen Bewirtschaftung zur ökologischen bereits beantragt wurde, könnten für die WerraHanf Genossenschaft in den kommenden Jahren zudem den Biohanf-Anbau sicherstellen. Sie alle arbeiten daran, den Hanf wieder anzusiedeln, ökologisch anzubauen, in der Nähe zu verarbeiten und zu vermarkten. Das Know-how und das Netzwerk innerhalb der Mitgliederschaft bilden die Grundlage für die Zusammenarbeit. Jeder soll und darf sich einbringen. Dabei verfolgt die Hanf-Genossenschaft einen sozial-fairen, ökologischen und ressourcenschonenden Umgang mit Mensch und Natur. Das wurde in der Konzeptphase in Vorbereitung auf unsere Gründungsversammlung in den hart umkämpften Leitlinien festgeschrieben.

Regionaler Ansatz

Die Gründer der WerraHanf Genossenschaft haben sich umgesehen in ihrer Region und festgestellt, dass es neben Biolandbetrieben und engagierten Menschen auch viele interessante mittelständische Unternehmen gibt. Einige davon sind wichtige Zulieferer größerer Firmen und bilden die Grundlage für eine dezentrale Fertigung, die den ländlichen Raum mit den Ballungszentren verbindet.

Durch die WerraHanf als Netzwerkpartner kamen bereits Unternehmen aus Niedersachsen, Hessen und Thüringen miteinander ins Gespräch. Sie wurden über das Netzwerk der Genossenschaft „verkuppelt“ und entwickeln jetzt gemeinsame Projekte. Dadurch werden der biologische Anbau, Transportwege und Vertriebswege optimiert und neue, innovative Produkte entstehen. Universitäten aus Hessen, Niedersachsen und Berlin initiierten Studien- und Semesterarbeiten, die von den Verantwortlichen der WerraHanf finanziell und durch Materialspenden unterstützt werden. Im Gegenzug erhält die Genossenschaft die Ergebnisse dieser Arbeiten. Thematisch behandeln die universitären Abschlussarbeiten hauptsächlich das ökologische Agrarmarketing; es geht jedoch auch um das Design innovativer Hanfprodukte.

Ernte der Hanfnüsse © D. Wetzestein

Im ersten Jahr der Geschäftstätigkeit und noch vor der Gründungsversammlung wurden Blüten, Blätter und Nüsse von einem Hektar Bionutzhanf für verschiedene Produkte geerntet. Das wertvolle Hanfstroh, aus dem Schäben und Fasern gewonnen werden können, konnte noch nicht weiterverarbeitet werden, da es in der Nähe noch keine Faseraufbereitungsanlage dafür gibt. Der Bedarf an Rohstoffen aus Biohanf ist bereits vorhanden. Dieser konnte aber bisher weder durch die WerraHanf, noch vom übrigen Biohanfanbau gedeckt werden. Die steigende Nachfrage nach biologisch angebauten Rohstoffen aus der direkten Umgebung der Unternehmen könnte weitere Landwirte der Werraregion in absehbarer Zeit davon überzeugen, auf Ökolandbau umzusteigen und Unternehmer veranlassen, Substitute aus Hanf einzusetzen oder Weiterverarbeitungsbetriebe anzusiedeln.

Genossenschaftlichen Mitglieder bei der Handarbeit © D. Wetzestein

Diese Betriebe und ökologisch bearbeitete Anbauflächen zu finden, wird zu einer zentralen Aufgabe und stellt eine große Herausforderung für die Genossenschaft dar. Einen Standortvorteil hierbei bietet der Werra-Meißner-Kreis. Er ist „Ökolandkreis" und ein wichtiger Akteur der „Ökomodellregion Nordhessen" mit dem Fachbereich Ökologische Landwirtschaft der Universität Kassel in Witzenhausen. Zudem beherbergt er die erste und lange Zeit einzige einschlägige Forschungs- und Lehranstalt auf diesem Gebiet.

Die Nachhaltigkeit

Auch sie steht auf der Agenda der WerraHanf ganz oben. Auch die Kommunikation wird vorwiegend papierlos erledigt, da Ausdrucke einen CO2-Fußabdruck besitzen, Wasser und sonstige Ressourcen verbrauchen. Natürlich wurde auch beim Marketingkonzept auf Nachhaltigkeit geachtet.

Nachhaltig zu handeln, das bedeutet für die Akteure, bei dem was sie tun, umsichtig zu sein. Eine zentrale Frage ist, wie der ergiebige, multipel verwertbare Hanf wieder Fuß fassen kann. Vor allem im Hinblick auf die Bioökonomie, in herkömmlicher und innovativer Form bei der Herstellung von Papier, Verpackungen, Möbeln, in der Autoindustrie, der Baustoffbranche, dem Lebensmittelmarkt, der Human- und Veterinärmedizin, dem Tourismus oder der Bekleidungsbranche. Langfristige Ziele, Ressourcenschonung, stetiges Wirtschaften, neue Wege und anderes Denken, das ist der Weg.

Regionale Projekte, die auf bio-ökonomische Ansätze abzielen und auf nachwachsende Rohstoffe setzen, werden immer wichtiger. Innovative Technologien und Prozesse können die Rohstoffbasis für die Produktion diverser und fakultativ nachhaltiger gestalten, insbesondere, wenn sie regional verfügbar sind. Der Hanfmarkt ist in Gang gekommen. In den vergangenen zwei Jahren hat eine Erzeugergemeinschaft aus dem Werra-Meißner-Kreis etwa 100 Hektar Hanf auf konventionellen Flächen angebaut. Das Hanfstroh aus dem Werra-Meißner-Kreis musste über 600 Kilometer in die Uckermark transportiert und aufbereitet werden. Der Bedarf an Fasern ist dort vorhanden.

Studienprojekt – Neue Ideen aus Hanf – Akuplay, der Schallschutz aus Hanf

© D. Wetzestein

Die Verwertung der gesamten Pflanze strebt auch die WerraHanf Genossenschaft für ihre ökologisch ausgerichteten Partnerbetriebe an. Kurze Wege vom Feld zur Aufbereitungsanlage sollen zeitnah geschaffen werden. Für die Trennung des BioHanf-Strohs in Fasern und Schäben in Bioqualität konnte ein Partner gefunden werden. Die Anlagen zur Aufbereitung sind ausgelastet, der Aufbau weiterer Anlagen in direkter Nähe zum Anbaugebiet ist im Gespräch.

Energieeffizienz und Rohstoffausbeute sind weitere große Themen. Die Rohstoffausbeute beim Hanf liegt bei annähernd 100 Prozent. Die vermehrte Nutzung biologischer Innovationen, trägt zur Reduktion von Treibhausgasen und Abfallströmen bei. Aus den Hanffasern wird z. B. die Innenverkleidung der Autos hergestellt, bestenfalls aus Fasern, die in der direkten Umgebung des Unternehmens angebaut werden. Die WerraHanf Genossenschaft ist im Hinblick auf die Potenziale der Bioökonomie eine Bereicherung für die Werra-Region. Ökologisch und ökonomisch.

Freie Vereinigung von Gleichen – basisdemokratische Prinzipien

Die genossenschaftlichen Prinzipien „Selbsthilfe – Selbstverantwortung – Selbstverwaltung“ haben seit Anbeginn des Genossenschaftswesens Gültigkeit und werden selbstverständlich auch in einer Genossenschaft, deren Objekt eine Addition aus agrarischer Leistung, Dienstleistung, Handel, Konsum, Infrastruktur und Wissensmehrung darstellt, gelebt. Die unterschiedlichen gesellschaftlichen Hintergründe der Genossenschaftsmitglieder können durch die typische genossenschaftliche gleichberechtigte Kooperation vorteilhaft genutzt werden. Dies geht nicht ohne einen basisdemokratischen Umgang in der Selbstverwaltung der Genossenschaft und bei der täglichen Handhabe der selbst erstellten Leitlinien. Die Förderung der freiwilligen, vielfältigen und bunten Mitgliedschaft geschieht auf Grundlage des überwölbenden Umwelt- und Regionalitätsgedankens und des Willens zur Wissensmehrung. Dabei spielen die weiteren genossenschaftlichen Eigenheiten, wie „eine Person, eine Stimme“, Schutz vor fremder Übernahme, Haftung nur für die eigene Einlage und Genossenschaft als Beteiligungs-, nicht Anlagemodell in der Mitgliedschaft in unterschiedlicher Wichtung eine beachtliche Rolle. Und selbstverständlich sollen die Anteile auch werthaltig sein und bleiben. Die bisherigen Erfahrungen zeigen, dass das andernorts bewährte Genossenschaftsmodell gut geeignet ist für ein buntes Kollektiv mit vielfältigen guten Ideen, das sich gemeinsamen Zielen motiviert aus unterschiedlichen Richtungen annähern möchte. Dabei bildet die demokratische Verfasstheit der Genossenschaft die beste gemeinsame Grundlage.

Zur Autorin

Diana Wetzestein, Jahrgang 1967, ist freie Journalistin für modernen und historischen Holzbau. Die ökologische Sanierung von Fachwerkhäusern ist ein Thema, das sie persönlich interessiert. Sie ist eine WerraHanf-Akteurin der ersten Stunde und wurde zur Vorsitzenden des Vorstandes gewählt.

Kräuterhanf aus BioHanf-Blüten und Blättern ist ein Topseller im Teeladen

© D. Wetzestein

Alexander Schilling

Das Erfurter Schauspielhaus zum Leuchten bringen! Mit der ersten Kulturgenossenschaft Thüringens

Gegenstand meines Vortrags soll nicht die Chronologie sein, die hinter dem Vorhaben rund um das alte Erfurter Schauspielhaus steht. Vielmehr möchte ich darüber sprechen, worum es uns geht, wenn wir eine solche Kulturstätte wieder zum Leben erwecken wollen. Im Laufe der letzten Jahre hat sich Erfurt als ein wichtiges urbanes Zentrum etabliert. Dies ist durch die Entwicklung einer vielfältigen Mischung aus Dienstleistung und Verwaltung, Industrie und dem Ausbau des Hochschulstandorts mit Universität und Fachhochschule gelungen. Rund 70 Prozent der Zuziehenden sind im Alter zwischen 18 und 34 Jahren. Daraus ergibt sich ein beachtliches urbanes Potenzial.

Um junge Menschen jedoch dauerhaft in Erfurt zu halten und den Zuzugstrend fortzusetzen, müssen noch mehr Angebote im soziokulturellen Bereich geschaffen werden. Erfurt verfügt zwar über eine wachsende „Kreativwirtschaft", allerdings sind die Räume und Orte, in denen sie sich entfalten kann, stark begrenzt oder nur temporär nutzbar. Kulturelle Angebote als Standortvorteil und Gestaltungsressource zu erkennen und auszubauen wird angesichts einer zunehmend mobilen Gesellschaft, verändertem Freizeitverhalten, dem demografischen Wandel, gestiegenen Partizipationsforderungen und der Konkurrenz zwischen den Regionen immer wichtiger. Nur so kann dauerhaft eine bereichernde demografische Mischung und eine aktive wie solidarische Gesellschaft gefördert und erhalten werden.

Entstanden ist das Konzept zur Wiederbelebung des Schauspielhauses aus einem Mangel heraus, denn Erfurt ist wie viele andere Kommunen ständig dabei, Gelder zu kürzen. – Und am besten kürzt es sich bekanntlich in der Kultur! Es gibt Großprojekte, die müssen unterhalten werden. Es gibt vieles, was als „gesetzt“ gilt. Aber die kleinen Projekte, die entstehen oder die da sind, werden immer weniger gefördert.

Und genau hier ist unser Ansatz: Wir haben als Menschen dieser Stadt den Wunsch nach Vielfältigkeit, nach dem Theaterprojekt x oder nach dem Musikprojekt y. Somit kam im Jahre 2012 von einer kleinen Initiativgruppe die Idee, sich davon abzulösen und zu sagen: „Wenn die Kommune ihrer Verantwortung, Kultur zu unterstützen nicht nachkommt, dann müssen wir es halt selbst tun.“ Das ist zugleich ein Urgedanke der Genossenschaft – es mit Selbsthilfe, Selbstverwaltung und Selbstverantwortung in die eigene Hand zu nehmen. Rund zwei Dutzend Erfurter gründeten im September 2012 den Verein KulturQuartier Petersberg. Die Idee war, etwas zu verwirklichen, das allen Interessierten in der Stadt und Region zugutekommt: Die Defensionskaserne auf dem Petersberg Erfurt – eine alte, verfallene Wehranlage aus preußischen Zeiten – sollte durch die Etablierung eines KulturQuartiers belebt und wieder in das Herz der Stadt gerückt werden. Es handelt sich um ein Areal oberhalb der Stadt. Man schaut dort quasi von einem Berg aus über Erfurt. Dieser geschichtsträchtige Ort hätte eine wunderbare Kulisse abgeben können für diverse kulturelle Tätigkeiten. Die engagierte Arbeit des Vereins und vieler Bürger sowie die Aktionen in und vor der Defensionskaserne stießen auf eine große öffentliche Resonanz. Dennoch stimmte der Stadtrat 2014, wenn auch nur knapp, zugunsten eines anderen Bewerbers ab. Die Stadt traute den Initiatoren offensichtlich nicht zu, ein solches Vorhaben zu stemmen. Vielleicht war die

Sache, selbstkritisch gesehen, aber auch ein wenig zu überdimensioniert angelegt.

Aus einer Frustration heraus haben wir uns schnell für ein neues Objekt begeistern können: die Wiederbelebung des Erfurter Schauspielhauses. Es handelt sich dabei um eine sogenannte Brachlandschaft, die am Rande der Innenstadt steht. Geschlossen wurde es – in einem vollkommen funktionstüchtigen Zustand übrigens – 2003 als die eigentliche historische Theater-Spielstätte in Erfurt. Dabei hatte man das Haus erst der Mitte der 1990er Jahre aufwändig modernisieren lassen. Ausgangspunkt der Schließung war die Fertigstellung eines neuen und größeren Theaters im Stadtteil Brühlervorstadt. Somit musste ein kleines Kulturobjekt einem großen Renommee-Projekt weichen. Mittlerweile war das Schauspielhaus durch Nichtnutzung und Vandalismus zunehmend verfallen. Kabeldiebe hatten ein Großteil der Elektrik entfernt. Wir wollten dieses aufgegebene Haus, weiterhin unter der Bezeichnung KulturQuartier, zu einem Ort für Kunst, Kultur- und Kreativwirtschaft entwickeln – mit Strahlkraft über die Grenzen des Freistaates hinaus. Neben klassischen Studio- bzw. Atelierstrukturen für Kreative, wurden Räume für Kino, Café, Tanz, Radio, Theater, Konzerte, Ausstellungen und ein Restaurant geplant. Die Zivilcourage, die hinter einem solchen Großprojekt steckt, ist ein wesentliches Element. Wir wollten Dinge selbst in die Hand nehmen und nicht darüber klagen, dass zu wenig in der eigenen Stadt getan wird.

Bei dem denkmalgeschützten Gebäudekomplex des Schauspielhauses handelt es sich um ein 1897 vom Geselligkeitsverein Ressource eröffnetes Vereinshaus, das später um einen Theateranbau ergänzt wurde. Seit Anbeginn trafen sich in dem neobarocken Gebäude einflussreiche Herren der bürgerlichen Erfurter Gesellschaft. Das Haus war ferner Zentrum für Fest- und Freizeitvergnügungen, kultur- und gesellschaftspolitischen Austausch sowie wichtige informelle

Interessenbörse der gut situierten Stadtgesellschaft. Der Zweite Weltkrieg bedeutete zwar das Ende des Herrenvereins, doch ihr Vereinshaus sollte weiterhin ein Ort der Kultur bleiben. 1949 eröffnete der umgebaute und erweiterte Gebäudekomplex seine Pforten als städtisches Theater. Je nach gesellschaftlichen Veränderungen und Ansprüchen erfuhr die Einrichtung bauliche Veränderungen. 2014 sprachen wir mit der Stadtverwaltung, dem Besitzer der Immobilie. Bereits ein Jahr später konnten wir die erste Veranstaltungswoche zu diesem Projekt anbieten und eine Ausschau halten, was möglich ist, wenn wir genügend Unterstützung finden. Zum Teil haben wir dies mit filmischen Mitteln umgesetzt, wie eingangs zu sehen war.[22]

Dass ein solches Projekt nur durch eine Genossenschaft zu schultern ist, war uns bald klar. Im November 2016 gründeten wir daher die Genossenschaft KulturQuartier Schauspielhaus. Die Grundidee war, das Schauspielhaus der Stadt abzukaufen. Hierzu wurden ein Wertgutachten, eine Kostenschätzung für die Sanierung und ein Finanzierungsplan erstellt. Nach einem einstimmigen Beschluss des Erfurter Stadtrates, der den KulturQuartier Verein beauftragt hat, ein Nutzungs- und Betreibungskonzept zu erarbeiten, wurde dies im August 2017 an den Oberbürgermeister Andreas Bausewein übergeben. Es war die Grundlage für einen weiteren Stadtratsbeschluss, in dem mit einer überwältigenden Mehrheit dem Verkauf des Erfurter Schauspielhauses an die Genossenschaft KulturQuartier Schauspielhaus zugestimmt wurde.

Die Genossenschaft sollte den Eigenanteil für die Finanzierung, die Modernisierung und den Kauf ermöglichen. Da für den Kauf und die Sanierung des Schauspielhauses ca. 5,5 Mio. Euro benötigt werden, riefen wir, dem Genossenschaftsgedanken folgend, die Aktion 1.000 x 1.000 ins Leben.

[22] Ein Hinweis auf einen eingangs gezeigten Kurzfilm zum geplanten Vorhaben.

Insgesamt sollen 1.000 Anteile à 1.000 Euro an engagierte Bürgerinnen und Bürger ausgegeben werden, was einem Eigenanteil von einer Mio. Euro entspricht. Die Gründungsveranstaltung fand im November 2016 statt. An diesem Tag hatten wir 150 Menschen im Rathaussitzungssaal versammeln können, von denen anschließend 150 einen Antrag auf Mitgliedschaft stellten. Es war ein bewegender Moment, dort im Rathaussaal die Aufbruchsstimmung zu spüren. Wir haben recht bald über verschiedene Veranstaltungsformate – Gespräche und Aktionen – einen ansehnlichen Betrag geworben. Bis August 2018 lagen gezeichnete Genossenschaftsanteile in einer Gesamthöhe von über 470.000 Euro vor. Unter dem Motto „Gut investieren – Kultur gewinnen" erklärten sich mehr als 400 Personen bereit, sich aktiv an der Stadtgestaltung und dem Kulturleben in Erfurt in einer Genossenschaft zu beteiligen. Die stetig wachsende Zahl der Mitgliedschaften in der Genossenschaft zeigt, wie groß der Wille zur Unterstützung der Idee eines KulturQuartiers im Schauspielhaus ist. Das ist die gute Nachricht. Jedoch benötigen wir noch deutlich mehr Mittel. Und das ist bis zum jetzigen Zeitpunkt unser Problem. Da wir noch nicht genügend Unterstützer und finanzielle Mittel besitzen, ist auch die genossenschaftliche Gründung noch nicht abgeschlossen. Denn nur mit einer finanzierenden Bank und einem tragfähigen Finanzierungsplan kann die Eintragung der Genossenschaft vorangetrieben werden.

Das Konzept sieht vor, den gesamten Baukörper – Villa sowie große Teile der Theateranbauten – und den angrenzenden Park zu erhalten und weiterzu-entwickeln. Um das Gebäude in seinem Grundriss optimal zu nutzen und zusätzliche Kreativräume zu schaffen, soll ein mehrgeschossiges „Regalsystem" für Ateliernutzungen im ehemaligen Bühnenturm installiert werden. Die Öffnung des Hauses in Richtung Lilienstraße und die Errichtung einer Passage eröffnet nicht nur Perspektiven für das Haus, die neue Wegführung erhöht auch die

Durchlässigkeit des gesamten Viertels. Das großzügige Freigelände mit altem Baumbestand am Eingang Klostergang und die nach Südwest ausgerichtete Terrasse werten das Schauspielhaus zusätzlich auf und sorgen für ein ganz besonderes Flair. Entsprechend soll dieser Bereich, der sich durch eine hohe Aufenthaltsqualität auszeichnet und ein idealer Ort für Außenveranstaltungen und Gastronomie ist, für die Öffentlichkeit zugänglich bleiben.

Die Genossenschaft ist ein „demokratischer Weg", uns zu organisieren und eine Möglichkeit zu schaffen, dieses Haus zu erwerben. Sie ist eine demokratische Vereinigung von Bürgern und bietet die Möglichkeit, das gemeinsame Ziel – nämlich die Schaffung eines KulturQuartiers – zu verwirklichen. Damit wird ein Projekt gefördert, bei dem nicht die Rendite im Mittelpunkt steht, sondern der kulturelle und soziale – sprich bezahlbare – Nutzen für alle. Als Eigentümergesellschaft fördert und stärkt sie die kulturelle und ökonomische Partizipation und bindet das bürgerschaftliche Engagement jenseits von staatlichen und privaten Wirtschaftsformen ein. Insbesondere fördert sie den Dialog zwischen den Akteuren aus Kunst, Kultur und Kreativwirtschaft und der Bürgerschaft. Sie ist offen für alle, die Interesse an einem nachhaltigen Konzept für das Schauspielhaus haben, welches in die Stadt und in das Umland hinein wirkt und die Bildung von Netzwerken fördert. Im Frühjahr 2018 hatten wir uns zusammengefunden und eine Klausurtagung abgehalten. Ihre Aufgabe bestand darin, die internen Strukturen weiter aufzubauen und Verantwortlichkeiten besser zu regeln. Die Akteure der ersten Stunde hatten viele Aufgaben zu schultern und ein enormes Arbeitspensum zu leisten. Aber sie konnten neu Hinzugekommenen nicht einfach vorschreiben, was zu tun ist. Es geht daher um die Durchsetzung echter demokratischer Strukturen in einer Vereinigung. Wir haben es geschafft, die Struktur neu aufzubauen. Formell bestehen unser Verein und die Genossenschaft aus Vorständen und Aufsichtsräten, informell jedoch haben wir viele Arbeitsgruppen gebildet, die sich den eigentlichen Aufgabenfeldern widmen. Diese Arbeitsgruppen arbeiten relativ autark zu Themen wie Finanzierung, Veranstaltungsplanung und dergleichen mehr, wobei sich Aufsichtsräte und Vorstände aktiv beteiligen. Diese Gruppen bilden das Gerüst für die Arbeit des Gesamtprojekts. Jede Gruppe hat einen Vertreter, der nach außen berichtet; es werden keine Top-Down-Entscheidungen gefällt. Hier findet eine Strukturierung des Ehrenamtes statt und hier wird Basisdemokratie gelebt – das macht unser Projekt aus.

Ich möchte noch etwas davon erzählen, wie wir uns die Arbeit des Schauspielhauses vorstellen. Hier sollen verschiedene kulturelle Veranstaltungen stattfinden: Theater, Ausstellungen, Musikveranstaltungen und vieles anderes mehr. Da ein regulärer Theaterbetrieb nicht zu schaffen ist, lockern wir das ganze System auf.

Ein Haus mit verschiedenen Bereichen und verschiedenen Nutzern als lebendiger Ort und unterschiedlichen Angeboten. Für unsere Genossenschaft muss dieses kulturelle Vorhaben wirtschaftlich umgesetzt werden. Wir benötigen Unterstützer, Sponsoren, aber auch weitere Ideengeber. So haben wir andere, schon bestehende Projekte dazu bewegen können, sich in das KulturQuartier zu integrieren. Es handelt sich zunächst um den seit ca. 40 Jahren existierenden Kinoklub Erfurt, einem anspruchsvollen Programmkino. Im 1. Obergeschoss entstehen zwei Kinosäle mit 110 bzw. 60 Sitzplätzen, die täglich bespielt werden können. Hinzu kommt die gelegentliche Nutzung des großen Saals.

Ebenso konnte das Tanztheater Erfurt e. V. als Mieter gefunden werden. Das Tanztheater ist Träger des Kulturpreises der Landeshauptstadt Erfurt und besitzt Strahlkraft über die Grenzen der Landeshauptstadt hinaus. 2007 gegründet, hat der Verein aktuell rund 350 Mitglieder. Die Schaffung einer professionellen Plattform für Tanztheater sowie einer Ausbildungsstätte mit tanzpädagogischen Angeboten für den Nachwuchs bilden den Kern der Vereinsarbeit. Sie hat das Ziel, in Thüringen das Verständnis für Tanz, Tanztheater und verwandte Kunstformen generationenübergreifend zu fördern. Während die eigenen Tanzproduktionen und das Internationale Tanztheater Festival von überregionaler Bedeutung sind, richten sich die täglich angebotenen tanzpädagogischen Kurse insbesondere an Kinder und Jugendliche der Landeshauptstadt. Bisher an zwei Standorten beheimatet, sucht das Theater eine dauerhafte Arbeits- und Spielstätte. Die Struktur des Hauses mit Saal bietet dafür beste Voraussetzungen und bedeutet zugleich die Rückkehr an einen Ort, der vor 70 Jahren schon einmal Heimstatt eines Tanztheaters war.

Das Radio F.R.E.I., ein dritter Mieter, ist ein freies, nichtkommerzielles und selbstverwaltetes Lokalradio für Erfurt. Der Radiosender ermöglicht einen offenen, gleichberechtigten und „barrierearmen" Zugang zum Medium, zur vorhandenen Struktur und den damit verbundenen Ressourcen. Radio F.R.E.I. versteht sich mit seinem Informations- und Musikprogramm als Alternative zu anderen lokalen und überregionalen Rundfunkanbietern. Das Programm ist in seiner Vielfalt kultur- und generationsübergreifend und besitzt zahlreiche lokale Bezüge. Zahlreiche medienpädagogische Angebote für Kinder und Jugendliche beleben das Projekt und erschließen neue Zielgruppen. Radio F.R.E.I. ist ein gemeinschaftliches Projekt, das von den beiden Vereinen Freies Radio Erfurt e. V. und KOMED e. V. getragen wird. Radio F.R.E.I. feierte 2016 sein 25 jähriges Jubiläum und ist fester Bestandteil der Thüringer Radiolandschaft. Der Sender orientiert sich an den Grundsätzen des Bundesverbands Freier Radios.

Herzstück des Schauspielhauses ist der Saal mit seinen 365 Plätzen (Parkett 290, Rang 75). Dieser wird sowohl von den drei genannten Ankermietern bespielt werden als auch von externen Mietern. Das kulturelle Programm ist die Visitenkarte für das KulturQuartier. Hier entsteht eine Plattform für junge Talente, genauso wie für etablierte Kunst. Der Saal ist Bühne für die zeitgenössische Kunst vor Ort, aber auch für Gäste aus dem In- und Ausland. Denkbar sind Theateraufführungen, Lesungen, Konzerte, Podiumsdiskussionen und Tagungen aber auch Jugendweihe-, Abitur- oder Firmenfeiern. Neben den Mieteinnahmen durch die Ankermieter stellt die Vermietung des Saals eine wesentliche Einnahmequelle und Voraussetzung für die wirtschaftliche Betreibung des Schauspielhauses dar. Die Vermarktung des Saals ist ein wichtiger Baustein des Finanzplans, da so Mittel erwirtschaftet werden, die zur Betreibung und Werterhaltung des gesamten Hauses notwendig sind.

Die Bereitstellung von Atelier- und Büroräumen ist ein weiterer Bestandteil des Konzeptes KulturQuartier. Um die vorhandenen Kapazitäten zu erweitern und zusätzliche, attraktive Flächen zu schaffen, ist der Einbau eines „Regalsystems" in den alten Bühnenturm geplant. Durch Fensterdurchbrüche wandelt sich dieser in attraktive Arbeitsplätze und schafft Transparenz für die Besucher des Hauses. Die kontinuierliche Nachfrage potenzieller Nutzer zeigt einmal mehr den enormen Bedarf an Flächen dieser Art auf.

Im Erdgeschoss der Villa „Ressource" wird eine Gastronomie mit Außenbewirtschaftung eröffnen, die sowohl als alleiniges Ausflugsziel funktioniert, als auch in Verbindung mit einem Besuch von Veranstaltungen im Haus wie z. B. Kino, Tanztheater, Konzerten, Ausstellungen oder Lesungen. Neben diesem hochwertigen Angebot ist im Foyer eine Bar mit Getränkeangebot, kleinen Snacks und Kuchen geplant, welche die Versorgung der Gäste während Veranstaltungen gewährleistet und die als Caterer bei Veranstaltungen gebucht werden kann. Darüber hinaus wird das Kino eine kleine Auswahl an Getränken und Snacks für seine Gäste bereithalten.

Im Dachgeschoss der Villa „Ressource“ sollen Arbeits- und Wohnplätze für zwei Künstler entstehen, die in Form von Stipendien durch den Verein KulturQuartier Erfurt e. V. temporär vergeben werden. Die Nutzung der Räume im Rahmen der weltweit gut vernetzen Artist in Residence-Bewegung öffnet das Haus damit einmal mehr für ein internationales Publikum, fördert die Vernetzung innerhalb des Hauses und über die Grenzen der Stadt hinaus und leistet einen wichtigen Beitrag zur Kulturförderung.

Im Frühjahr 2016 gab es den Auftakt zur Ausstellungsreihe StadtRaumBoxen. Die drei ehemaligen Vitrinen des Schauspielhauses wurden zum wahrscheinlich kleinsten Ausstellungsraum von Erfurt. Jährlich werden Thüringer Künstler eingeladen, sich mit dem Areal, der Geschichte des Schauspielhauses, der Architektur und dem Stadtraum auseinanderzusetzen und temporäre Arbeiten für den Ort zu entwickeln. Die Sicht der künstlerischen Positionen auf städteplanerische Konzepte und die Wahrnehmung des uns umgebenden Architekturraums bilden eine spannende Grundlage für Experimente in diesem Areal. Ende 2018 plant die in Berlin lebende Künstlerin Nici Wegener, die ihre Wurzeln in Erfurt hat, ein Crowdfunding Projekt. Innerhalb ihrer Ausstellung „Ressourcen und Visionen“ sollen mithilfe eines Spendenaufrufs die StadtRaumBoxen zu zeitgemäßen, multifunktionalen Ausstellungsdisplays für zeitgenössische Kunst im Zentrum Erfurts repariert und umgebaut werden.

Bereits viermal haben der Verein und die Genossenschaft zur Veranstaltung PREVIEW eingeladen, um auf die zukünftigen Vorhaben und die Möglichkeiten des Konzeptes KulturQuartier aufmerksam zu machen. Neben klassischer und experimenteller Musik gab es Schauspiel, Tanztheater, Performance, Kino und zahlreiche Angebote für alle Generationen. Mehrere Tausend Menschen haben dieses Angebot angenommen und gesehen, welche Potenziale dieser außergewöhnliche Ort in sich birgt. Gleichzeitig werden die Veranstaltungen genutzt, um zur weiteren Beteiligung aufzurufen und weitere Genossenschafter zu gewinnen. Um auf die Pläne des KulturQuartiers aufmerksam zu machen, wurden durch den Verein vor Ort Überseecontainer aufgestellt und mit Bar, Ausstellungs- und Veranstaltungsraum eingerichtet. Hier genauso wie in der Villa Ressource und im Park sind der Verein und die Genossenschaft jedes Wochenende im Rahmen des Sommer in Rosé präsent, stellen ihre Pläne vor, geben allen Interessierten Auskunft und werben im Rahmen kleiner Veranstaltungen – Lesungen, Konzerte, Theater und anderes mehr – für das Projekt. Darüber hinaus gibt es regelmäßige Führungen. Das erfolgreiche Projekt StadtRaumBoxen – die künstlerische Gestaltung der ehemaligen Schaukästen – wird ebenfalls fortgeführt. Parallel zur Präsenz vor Ort wurden und werden die Sanierungspläne weiterentwickelt, das Nutzungs- sowie das Finanzierungskonzept der Stadtverwaltung Erfurt übergeben, Gespräche mit Banken geführt und die entsprechenden Bauanträge vorbereitet. Nach dem überwältigendem Votum des Stadtrats für den Verkauf des Objekts an die Genossenschaft KulturQuartier Schauspielhaus soll schnellstmöglich mit dem Umbau begonnen und das Gebäude in Betrieb genommen werden – vorausgesetzt die Aktion 1.000 x 1.000 verläuft erfolgreich. Auch während der Sanierung soll das Haus zumindest in Teilen geöffnet sein und genutzt werden. Die Eröffnung des neuen Kulturortes ist im Sommer 2021 geplant.

In einer Zeit, in der viele Lebensbereiche immer weiter ökonomisiert werden, hat sich der KulturQuartier Erfurt e. V. das Ziel gesetzt, bislang ungenutzte Plätze wiederzubeleben. Mit dem Schauspielhaus liegt das Augenmerk des Vereins auf einem Ort, der im emotionalen Bewusstsein der Erfurter präsent ist und eine dauerhafte Öffnung und Nutzung verdient. Aus den mehrjährigen Erfahrungen heraus, sehen der Verein und die Genossenschaft die Möglichkeit, dieses besondere Gebäudeensemble dauerhaft als einen offenen kulturellen Ort zu etablieren – als einen Ort der Begegnung und in Bewegung, aktiv unterstützt durch viele Bürger Erfurts und überregionale Förderer – darunter ehemalige Schauspieler, Regisseur und Mitarbeiter des ehemaligen Schauspielhauses. Mit dem Konzept einer behutsamen, kommunikativen, zivilgesellschaftlich getragenen aber gleichwohl zielgerichteten Entwicklung eines KulturQuartiers im Schauspielhaus sind wir – der Verein und die Genossenschaft – überzeugt, einen Beitrag zur positiven Entwicklung der Landeshauptstadt Erfurt und ihrer Strahlkraft über die Grenzen der Stadt hinaus zu leisten. Möglich wurde das bis hierher Erreichte durch das große ehrenamtliche Engagement vieler Vereins- und Genossenschaftsmitglieder, durch unsere zukünftigen Nutzer, aber auch durch zahlreiche befreundete Vereine und Initiativen sowie weitere, ebenso kompetente wie wohlwollende Partner und Institutionen, die uns in dieser entscheidenden Phase mit Rat und Tat zur Seite standen und stehen. An dieser Stelle sei auch ausdrücklich unseren Förderern gedankt: dem Freistaat Thüringen, der Staatskanzlei, der Sparkassenstiftung Erfurt, der Sparkassen-Kulturstiftung Hessen-Thüringen sowie der Stadtverwaltung Erfurt. Wir hoffen, dass wir genügend Menschen aktivieren können, um dieses Ziel umzusetzen.

Zum Autor

Alexander Schilling, Jahrgang 1971, Unternehmer, engagiert sich seit 2015 im KulturQuartier und ist seit Februar 2018 Aufsichtsratsvorsitzender der KulturQuartier Erfurt e.G.i.G.

Kai Lehmann

Vom Ellenbogen zur Gesellschaft – Fairness als Prinzip wirtschaftlichen Handelns

Einleitung

In meinem Studium der Philosophie an der Humboldt-Universität zu Berlin las ich mit großem Interesse einen modernen Klassiker zur Theorie einer gerechten Gesellschaft: Das Buch von John Rawls *Justice as Fairness* (1985). Ich besuchte sogar ein Semester lang ein Seminar zu diesem Thema. Direkt danach ging ich zehn Minuten zu Fuß zur Wirtschaftswissenschaftlichen Fakultät hinüber und musste dort im Rahmen meines BWL-Studiums seitenlange Fragebögen zur Optimierung von Anreizsystemen in Konsumentenwerbung entwickeln. Während dieses Fußwegs bekam ich oft das Gefühl, ich würde zwischen Planeten von unterschiedlichen Zivilisationen reisen, Lichtjahre voneinander entfernt. Erst in meiner Abschlussarbeit über individuelle Verantwortung gelang es mir, diese Erfahrungen fruchtbar miteinander zu verbinden. Und doch erlebe ich oft in Gesprächen über den Arbeitsalltag in meinem Bekanntenkreis, dass die Zufriedenheit am Arbeitsplatz mehrheitlich weder vorhanden ist noch sich persönlich langfristig einstellt. Oft macht sich eher eine Art aufgeklärte Resignation breit. Man muss ja schließlich Geld verdienen, oder?

Es ist Zeit, sich zu fragen, was uns eigentlich dazu bringt, unsere Lebenszeit zu investieren, unsere Energie zu verbrauchen und unsere Nerven zu ruinieren, indem wir arbeiten gehen. Richtig, wir gehen arbeiten, wir kommen dann von der Arbeit nach Hause, wir bringen sie irgendwie mit in unseren Gedanken, wir kontrastieren sie letztlich mit erwartungsvollen Urlaubstagen. Warum tun wir das? Weil wir müssen.

Und das stimmt natürlich, aber damit ist leider das Unbefriedigende an der Situation noch lange nicht verschwunden. Und wollen wir nicht zufriedener sein, mit Vorfreude den Tag beginnen und abends immer noch ein offenes Ohr für andere Menschen haben? Lassen Sich mich deswegen an dieser Stelle ein paar Grundgedanken zu einem modernen, zukunftsfähigen Verständnis von wirtschaftlichem Handeln skizzieren, bevor ich Ihnen unsere Stadtführergenossenschaft Vive Berlin als Labor und Modell dieses Verständnisses präsentieren werde.

Als Stadtführer unterwegs © K. Lehmann

Regional

Die Überschrift der heutigen Vortragsreihe „Regional. Nachhaltig. Demokratisch. Genossenschaften als alternatives Wirtschaftsmodell" bietet aus meiner Sicht eine hervorragende Gelegenheit, alle drei genannten Themen in einem größeren Rahmen wirtschaftlichen Handelns einzuordnen. Und gleich vorneweg: Ja, Genossenschaften sind durch ihre spezifische Struktur und ihre gemeinsam von den Mitgliedern definierten Zielsetzungen durchaus in der Lage, auch neuartige wirtschaftliche Möglichkeiten zu eröffnen. Aber welche Potenziale gibt es wirklich, wie können wir sie im Geschäftsalltag anwenden? Sind sie echte Alternativen in einer Wirtschaft, wo Konkurrenzdruck, Preiskampf, Leistungsoptimierung und Effizienzlogik dominiert?

Beginnen wir mit dem Begriff „Regional". Es liegt auf der Hand, dass kürzere Transportwege Kosten senken, Inaugenscheinnahme die Qualität des Wareneinkaufs verbessert und direkte Kommunikation sowie persönlicher Kontakt vertrauensbildend wirkt. Kurz: regionale Wirtschaftskreisläufe haben positive Effekte im Bereich Qualität, Planungssicherheit und Preisgestaltung. Nicht umsonst sind beispielsweise die zahlreichen Einkaufsgenossenschaften gerade durch ihre regionale Verankerung am Markt wettbewerbsfähig. Aber Regionalität hat auch eine psychologische, eine soziale Dimension.

Wir leben in einer globalen Struktur gegenseitiger Abhängigkeiten. Unsere Lebensmittel fahren um die halbe Welt, unsere Produkte meistens auch, unsere Altersvorsorge in Rentenfonds hängt an den Restvorkommen fossiler Brennstoffe in fernen Wüsten, unsere Energieversorgung an politischen Außenbeziehungen. Wir teilen Informationen rund um die Erde in kürzester Zeit, wissen mehr als je zuvor über Kriege und Katastrophen in einstigen Urlaubsländern, haben aber in der Regel keine Ahnung, wie die Frau uns gegenüber an der Supermarktkasse heißt. Das ist auch nicht wirklich dramatisch, verdeutlicht jedoch die stabilisierende und motivierende psychologische Funktion von Regionalität. Nähe ist eine zentrale Dimension von Vertrauen, sowohl geografisch als auch sozial. Wir wissen heute, dass Kaufentscheidungen durch emotionale Bindungen stärker beeinflusst werden als durch die viel beschworene rationale Nutzenkalkulation. „Regional" in diesem Sinne verbindet Anbieterin und Käufer, wirkt gemeinschaftsstiftend in Kategorien von Nachbarschaftshilfe bis Dorfgemeinschaft. Und zeigt dadurch auch positive Absatzeffekte – weil ein Wir-Gefühl entsteht.

Damit ist die Brücke zur Idee der Genossenschaft bereits gezeigt, denn gerade Genossenschaften sind in besonderer Weise durch ein spezielles Wir-Gefühl als Grundlage gemeinsamen wirtschaftlichen Handelns geprägt. Erzeuger-Verbraucher-Genossenschaften sind ein konkretes Beispiel dafür. Und das Vertrauen, welches auf dem Wir-Gefühl aufbaut, erhöht die Bereitschaft, zu teilen. Das klingt märchenhaft, finden Sie?

Nehmen Sie sich einen Augenblick Zeit, darüber nachzudenken, was die Bereitschaft, miteinander zu teilen, überhaupt erklärt. Ich gehe davon aus, dass niemand die Existenz dieser Bereitschaft grundsätzlich abstreiten möchte! Neben purer Nächstenliebe finden sich in dieser Erklärung sicher auch egoistische Absichten, gemeinsames Überleben, soziale Anerkennung und Handlungsdruck, und ein Ausdruck von Vertrauen – nennen wir es Vertrauen in die Handlungsmotive der anderen Person. Denn ich gebe eher ab von meinem Besitz oder meiner Zeit, wenn ich darauf vertrauen kann, dass die andere Person dies auch für mich tun würde. Und ich kann darauf eher vertrauen, wenn ich weiß, dass diese Person und ich gemeinsame Wünsche und Ziele haben, das „Wir" eben etwas miteinander teilen.

Im Geschäftsalltag führt aus diesem Grund gerade der vertrauensbildende Effekt von Regionalität zu einer erhöhten Bereitschaft, Gewinne, Wissen, Produkte oder Leistungen innerhalb dieser gefühlten oder existierenden Gemeinschaft miteinander zu teilen. Ich schlage nun vor, diesen skizzierten Effekt mit dem Begriff der Fairness zu beschreiben. Unter gemeinsam definierten Rahmenbedingungen (wie z. B. in Genossenschaften) kann durch eine regionale Ausprägung Vertrauen entstehen, dadurch wiederum die Bereitschaft, abzugeben oder sogar zu verzichten, insgesamt wachsen – und die darin entstehende Wirtschaftsbeziehung wird letztlich fairer für alle Teilnehmenden. Sogar mit dem Win-Win-Effekt persönlich steigender Zufriedenheit, Arbeitsplatzsicherheit und eigenem Kompetenzzuwachs. Klingt doch nicht schlecht, oder?

Nachhaltig

Etwas anders verhält es sich mit dem zweiten Begriff unserer heutigen Thematik. Im Bereich der Ökologie ist dieser Aspekt bereits umfassend diskutiert und dessen positiver Effekt durch zahlreiche Studien belegt. Aber was soll „nachhaltig" in der Ökonomie oder im sozialen Umfeld eigentlich genau bedeuten? Wenden wir uns kurz der populärsten Interpretation zu: Nachhaltigkeit bedeutet, vorrangig langfristig ausgerichtete Strategien zu verfolgen und Entscheidungen daran auszurichten.

Nun hat nach meiner Erfahrung jede ernsthafte wirtschaftliche Unternehmung langfristige Ziele und meist auch Strategien, diese Ziele zu erreichen. Das allein kann Nachhaltigkeit also nicht bedeuten, selbst wenn ich unterstelle, dass in Unternehmen manchmal auch ganz konträr schlicht rasche, auf kurzfristigen Erfolg abzielende Entscheidungen getroffen werden müssen. Lassen Sie mich deshalb einen Aspekt hervorheben, der es wirklich verdient, „nachhaltig" unter ökonomischen Gesichtspunkten genannt zu werden: Motivation der Mitarbeiter. – Darüber ist schon viel gesagt und geschrieben worden. Ich werde hier nicht alle Diskussionen über den postulierten Widerspruch von Vertrauen versus Kontrolle als widerstreitende Prinzipien der Unternehmensführung wiederholen. Es ist aus meiner Sicht klar, dass Vertrauen kostensenkende Effekte hat, die Motivation der Mitarbeiterinnen erhöht und die Identifikation mit der eigenen Arbeit fördert, was wiederum zu höherer Leistungsbereitschaft führt. Es ist hoffentlich unbestritten, dass motivierte Kollegen und engagierte Einsatzkräfte mehr schaffen können als lustlose Anwesenheit. Als ein populäres Beispiel mag hier gern eine Untersuchung der Situation in schwedischen Krankenhäusern nach der Einführung der 25-Stunden-Woche für alle Mitarbeiter dienen.

Hier führt ganz bewusst eine Entscheidung für Vertrauen in puncto Unternehmenskultur zu sichtbaren Effekten im Arbeitsalltag des Betriebs. Höhere Loyalität der Mitarbeiter gegenüber den Unternehmenszielen sowie ein bewusstes, respektvolles Miteinander im Kollegenkreis folgt oft daraus. Ich schlage vor, diese Effekte einer vertrauensbasierten Mitarbeiterführung mit dem Begriff der Fairness zusammenzufassen. Es geht mir darum, bewusst jenseits von naiver Gutgläubigkeit und romantischer Hippie-Logik eine Erfahrung sprechen zu lassen: Ein fair gestalteter Umgang in (und zwischen) allen Ebenen des Unternehmens hat nicht nur ein verbessertes Betriebsklima zur Folge, sondern fördert auch ganz konkret die Qualität der Ergebnisse, spart Zeit und letztlich Opportunitätskosten, die dann besser in die Zukunft der Firma fließen können. Denn jedes langfristig angelegte Ziel braucht motivierte Menschen, um es zu erreichen. Fairness unter den Beteiligten stimuliert Nachhaltigkeit von Unternehmen – und von wirtschaftlichem Handeln insgesamt. Ja, und auch wenn

Sie es schon wussten: In Genossenschaften ist durch die mitgliederbasierte Unternehmenskultur mindestens strukturell eine gute Chance gegeben, diesen Vertrauensvorschuss in weiten Bereichen auch anzuwenden.

Demokratisch

Der dritte Begriff hat eigentlich einen eigenen Vortrag verdient. Zu viel hängt an Erwartungen und vielleicht Hoffnungen in unserer heutigen Zeit an einem Prinzip, was sich vor 2.000 Jahren bereits als ziemlich nützlicher Modus von Entscheidungsfindung im alten Athen bewiesen hat. Ich werde mich hier nur auf einen einzigen Aspekt dieses inklusiven Modus – Entscheidungen zu treffen und zugleich zu legitimieren – konzentrieren: Fairness durch ein System demokratischer Beteiligung. Anknüpfend an meine Erläuterungen zum vertrauensbildenden Effekt in regionalen Wirtschaftsbeziehungen sowie zum motivierenden Effekt eines Vertrauensvorschusses im Bereich der Mitarbeiterführung lässt sich ebenfalls ein positiver Effekt beschreiben, wenn es um die Frage geht, wie und von wem Entscheidungen im Geschäftsalltag getroffen und zugleich auch getragen werden. Es ist heutzutage keine Revolution mehr, wenn man darauf verweist, dass in Unternehmen mit dezentralisierten Entscheidungskreisläufen oft die besseren Entscheidungen getroffen werden.

Es ist wichtig zu erkennen, dass Entscheidungen in unserem Alltag leider oft keiner klaren rationalen Logik folgen, auch wenn Sachzwang, Autorität und Hierarchie meist passende Begründungen liefern. Der *homo rationalis* ist ebenso ein Hirngespinst wie der *homo oeconomicus*, wenn auch derartige Stilisierungen von großem theoretischen Nutzen sein mögen. Umso wichtiger wird in diesem Licht der Erkenntnis die Frage, wer an Entscheidungen teilnimmt.

Wenn Entscheidungen in Gruppenprozessen fallen oder in Stufen entwickelt und geprüft werden, sind sie in dem meisten Fällen besser – nur leider oft zu langsam für unsere Praxis. Es ist an diesem Punkt allerdings zentral, dass nicht alle stets (mit)entscheiden müssen, sondern zunächst und vor allem die Betroffenen – als Verantwortungsträger. Und hier zeigt sich erst die Überlegenheit demokratischer Abstimmung: Wenn diejenigen mit entscheiden können, die mit den direkten und mittelbaren Folgen der Entscheidung arbeiten und leben müssen, ist erstens die Entscheidung auf Langfristigkeit ausgelegt. Zweitens ist die Entscheidung besser umsetzbar oder anwendbar.

Schließlich, und darauf möchte ich besonders hinweisen, lässt sich die Entscheidungsfindung gemeinsam mit den Betroffenen – nicht per se durch alle wohlgemerkt – auch als Fairness charakterisieren. Versetzen Sie sich kurz in die Lage einer Betroffenen: Wäre es nicht fair, über ihre Besteuerung durch den Staat mitentscheiden zu können, über das Layout der Kampagne als Vertriebsleiter oder über die Qualität der Spülkästen als Putzkraft? Demokratische Teilhabe an Entscheidungen bildet die Grundlage für gegenseitige Wahrnehmung von Betroffenen auf Augenhöhe. Sie produziert Verantwortung und fördert in der Praxis zugleich Prozesse von Interessenabwägung und Kompromissbereitschaft und ist damit Voraussetzung für eine höhere Zufriedenheit mit der eigenen Tätigkeit. Demokratische Beteiligung an wirtschaftlichem Entscheiden und Handeln schafft Selbstvertrauen und entwickelt Loyalität dem Unternehmen gegenüber. Entscheidungsträger werden nicht geboren, sondern sozialisiert und trainiert. Fairness zeigt sich in unserem Alltag durch Teilhabe an Entscheidungen, durch Mitbestimmung im besten Sinne des Wortes.

Zusammenfassung

Damit sind wir zurück bei unserem heutigen Thema und der Aussage, dass Genossenschaften gerade mithilfe dieser drei Begriffe als ein alternatives Wirtschaftsmodell verstanden werden können. Ich hatte es bereits klar bejaht. Alle drei Begriffe stehen darüber hinaus nach meiner Auffassung für ein bestimmtes Verständnis von Fairness in seinen verschiedenen Ausprägungen, sei es als ein Effekt von Regionalität, als eine Voraussetzung für Nachhaltigkeit oder als ein Ausdruck von Demokratie. Dieses Verständnis von Fairness in wirtschaftlichem Handeln möchte ich Ihnen gern transparent und attraktiv machen. Es bietet zahlreiche Möglichkeiten, die eingangs gestellte Frage nach dem Warum unseres täglichen Wegs zur Arbeit positiv zu beantworten – gerade als Mitglied und Führungskraft innerhalb einer Genossenschaft. Fairness ist die Grundlage gemeinschaftlicher Optimierung von Interessen (und damit auch der eigenen) und der Herausbildung geteilter und getragener Verantwortung für unternehmerisches Handeln. Fairness ist als Prinzip überall dort überlegen, wo das Wissen vieler Menschen erst die Produktqualität und Entwicklungspotenziale garantiert und wo die individuelle Motivation aller wirtschaftlich auftretenden Personen angesichts von Risiken und Herausforderungen eines Marktes von zentraler Bedeutung für die Nachhaltigkeit ist. Doch die erfolgreiche Umsetzung alternativer Wirtschaftsmodelle und das Bewusstsein eines modernen unternehmerischen Handelns bei allen Beteiligten braucht natürlich Zeit. Aus diesem Grund will ich Ihnen abschließend gern unsere Stadtführergenossenschaft Vive Berlin kurz vorstellen und auf die Praxis der Anwendung von Fairness in den drei genannten Begriffen eingehen.

Vive Berlin e.G.

Vive Berlin ist seit 2009 eine regional verwurzelte und von engagierten Stadtführenden selbstständig gegründete und entwickelte Genossenschaft. Wir haben in knapp zehn Jahren über 40.000 Stadtführungen erfolgreich durchgeführt und mehr als 250.000 Gäste durch Berlin und Umgebung begleitet. Unsere vielfältigen Touren zu Fuß, mit dem Fahrrad oder mit dem Bus und dem Auto finden mittlerweile in acht Sprachen statt und stehen regelmäßig an allen Tagen im Jahr zur Verfügung, um allen Menschen unsere Stadt zu zeigen.

Drei Prinzipien zeichnen das Besondere unserer Genossenschaft und unserer Leistungen aus: Originalität, Exzellenz und Verlässlichkeit. Wir wollen Berlin nicht einfach zeigen, sondern vielmehr unsere Gäste an alten und neuen Veränderungen teilhaben lassen, diese Stadt gemeinsam erleben und verständlich machen. Wir empfinden unsere Arbeit als die inhaltliche Vermittlung von historischen Zusammenhängen, als Bildung in aufklärerischer Tradition, weil wir der Auffassung sind, dass Berlin und seine Geschichte die einmalige Gelegenheit bietet, sich mit der deutschen und europäischen Geschichte des 20. Jahrhunderts und unserer Gegenwart insgesamt auseinanderzusetzen.

Alle unsere Mitglieder aus 15 verschiedenen Nationen sind mindestens zweisprachig und sehen in ihrer Arbeit einen Beruf mit Leidenschaft und nicht nur einen Job, eine Berufung mit hohen Ansprüchen an Qualität und Individualität. Bei uns werden Sie keine Standardvorträge mit Bücherwissen präsentiert bekommen, sondern persönliche Perspektiven von engagierten Berlinern, basierend auf profunder Faktenkenntnis und Liebe für unsere Stadt. Wir geben diese Leidenschaft, welche sich letztlich in dieser außergewöhnlichen Berufswahl widerspiegelt, weiter und teilen durch unsere Arbeit unsere ganz eigene Faszination für unser Berlin mit allen unseren Gästen. Und darauf kann man sich hundertprozentig verlassen: Wer sich am Treffpunkt einfindet, ob mit oder ohne Vorankündigung, weiß, die gewünschte Tour findet statt, bei welchem Wetter auch immer.

Realisiert wird diese Verlässlichkeit durch unsere Mitglieder und ihre eigene Motivation, als Selbstständige im Rahmen eines kollegialen, fairen Austauschs und Umgangs miteinander langfristig für das Wohl unserer Gäste zu kooperieren. Gemeinsames Auftreten am Markt und zentraler Einkauf von Dienstleistungen ist dabei nur ein Teil der Geschichte. Unser Wissen innerhalb der einzelnen Sprachenteams wird geteilt in unserer winterlichen Vive-Akademie und bei gegenseitigen Probeführungen neuer Themen und Ideen getestet. Unser Einkommen teilen wir mit Partnern und Kollegen nach einem gemeinsamen Pool-System, aus welchem sich am Monatsende über erworbene Punkte erst der individuell erzielte Gewinn ergibt. Unsere Entscheidungen werden dezentral in Teamsitzungen gefällt und über regelmäßige Delegierten-sitzungen mit dem Vorstand abgestimmt und umgesetzt. Hierin liegt meines Erachtens die größte Errungenschaft unserer Genossenschaft – neben der Minimierung von individuellen, finanziellen Risiken bezüglich Wetter, Saison und Krankheit – eine Organisationsform entwickelt zu haben, die tatsächlich Teilhabe von selbstständigen Unternehmern und Partnern fördert und lebt. Diese Teilhabe motiviert – oft stellen sich unsere Stadtführenden ihren Gästen mit den Worten vor: „Hier führt Sie Frau Chef persönlich!"

Alle unsere Mitglieder sind biografisch stark mit Berlin verbunden, sei es, weil sie hier geboren sind, oder weil sie schon lange hier leben (mindestens 12 Jahre). Wir verstehen uns aus genau diesem Grund als regionaler Player mit explizit fairem Umgang zu unserem Wohn- und Lebensmittelpunkt. Es bedeutet für uns einen Unterschied, ob man zum Beispiel den Bezirk Kreuzberg mit jemandem besucht, der vielleicht gerade mal zwei, drei Jahre in der Stadt ist, oder mit einem

Einheimischen, der die Händler der Markthalle IX persönlich kennt; oder auch die Bedeutung der Berliner Mauer durch einen Guide erfährt, der selbst über die Mauer geflohen ist. Wir wissen aus Erfahrung: die emotionale Beziehung zur Stadt Berlin kann man nicht einfach lernen – und diese Stadt braucht zunehmend einen fairen Modus ihrer Präsentation. Wir klären unsere Gäste über Brennpunkte auf und ja, wir zeigen nicht ALLES.

Ein kleines Beispiel für unsere enge Bindung an Berlin befindet sich in einer kleinen Straße in der Stadtmitte, die sich durch unser Engagement für immer verändert hat. Es begann mit einer Vive Berlin-Stadtführung in der Spandauer Vorstadt. Das daran anschließende Projekt unter unserer tatkräftigen Mitwirkung brachte schließlich 23 Familienmitglieder aus drei Kontinenten zusammen. Unter ihnen befand sich auch ein Überlebender des Holocaust, der letztlich mit 90 Jahren an seinen Geburtsort zurückkehrte und mit uns einige der Orte besuchte, an denen er seine Kindheit verbracht hatte. Dort wurden 2017 schließlich sechs Stolpersteine im Gedenken an seine Familie verlegt. Berlin ist schlicht und einfach unsere eigene Heimat und nicht nur eine Kulisse für spannende Geschichten. Herzlichen Dank und besuchen Sie mit uns Berlin!

Zum Autor

Kai Lehmann, Jahrgang 1979, ist nach seinem erfolgreich abgeschlossenen Studium an der Humboldt-Universität zu Berlin als Philosoph, Entrepreneur und freiberuflicher Schriftsteller und Musiker in unserer Hauptstadt tätig. Seit 2009 ist er zudem als selbstständiger Stadtführender aktiv bei der Stadtführer-genossenschaft Vive Berlin e.G., als Mitglied seit 2011. Seit 2012 ist er geschäfts-führender Vorstand der Vive Berlin e.G.

Tom Heintke und Michael Schmidt

Von Schülern für Schüler – Genossenschaftsprojekt am Christian-Gottfried-Ehrenberg-Gymnasium in Delitzsch

Eine als Genossenschaft geführte Schülerfirma ist in den westdeutschen Bundesländern bereits relativ weit verbreitet. In den neuen Bundesländern hingegen ist diese Wirtschaftsform auf Schulebene noch so gut wie unbekannt. Das zu ändern war unser Ziel, seitdem die Idee im Januar 2017 an unserer Schule aufkam.

Bei der "ESGD", der "EHRENBERG Schülergenossenschaft Delitzsch", handelt es sich um ein pädagogisches Projekt am Christian-Gottfried-Ehrenberg-Gymnasium Delitzsch. Entsprechend der Projektskizze ist eines seiner Ziele, "für die Schüler das Prinzip der demokratischen Mitbestimmung im Alltag erlebbar zu machen." Insofern besteht ein direkter Bezug zum Thema der heutigen Veranstaltung.

Der Gründungsprozess

Im Rahmen des Unterrichts besuchte Herr Benjamin Gallin, Lehrer für Geschichte und Französisch am Ehrenberg-Gymnasium Delitzsch, mit mehreren Klassen im Frühsommer 2016 das hiesige Deutsche Genossenschaftsmuseum im Schulze-Delitzsch-Haus. Kurz darauf sprach er einige Schüler an und erklärte ihnen seine Idee, eine Schülergenossenschaft an der Schule zu gründen. Schnell fand sich eine Gruppe von ca. 15 Schülern, die gemeinsam dieses Ziel verfolgten. In den folgenden Monaten wurden Vorschläge unterbreitet, wieder verworfen und

Ideen zusammengetragen, wie eine Genossenschaft dem Schulleben nützlich sein kann. Das Verfassen der Satzung wäre ohne Hilfe von außerhalb ein Ding der Unmöglichkeit gewesen. Besonderer Dank gilt der Deutschen Kinder- und Jugendstiftung, die eine Mustersatzung in ihren Publikationen bereithält und für die Schüler einen Workshop an der Schule zur Erstellung der Satzung organisierte, sowie Frau Mirjam Luserke vom Verband Sächsischer Wohnungs-baugenossenschaften (VSWG), die uns als Ansprechpartnerin unschätzbar geholfen hat.

Logo der Schülergenossenschaft © EHRENBERG Schülergenossenschaft Delitzsch

Nach einigen Monaten der Vorarbeit war es dann soweit: Am 5. Mai 2017 fand die Gründungsversammlung statt, zu der sich 45 Schülerinnen und Schüler in der Aula versammelt hatten. Satzungsgemäß wurden ein Vorstand und ein Aufsichtsrat gewählt sowie eine Ehrenmitgliedschaftsordnung verabschiedet, die es auch Eltern, Lehrern oder Außenstehenden ermöglicht, die Schülergenossenschaft zu unterstützen.

Ziele der Schülergenossenschaft

Eine Schülerfirma kann nicht nur zum Selbstzweck existieren, sie braucht klare Ziele und Aufgaben. Wir wollen unseren Mitschülern und Mitschülerinnen ermöglichen, die Genossenschaft als Unternehmensform kennenzulernen und dabei eigenverantwortlich wirtschaftlich tätig zu werden. Unser Wunsch ist es, das Schulleben zu bereichern und die Identifikation der Schüler mit unserer Schule zu erhöhen. Daher liegt der Hauptgeschäftszweck der Schülergenossenschaft im Bedrucken von Textilien wie T-Shirts im hochwertigen Siebdruckverfahren, das an der Schule bereits erfolgreich angewendet wird. Das Druckmotiv wurde vom genossenschaftseigenen Grafikteam entworfen und wird stetig weiterentwickelt. Es zeigt eines der Schulgebäude in stilisierter Form, ohne einen direkten Bezug zur Schülergenossenschaft herzustellen. Daher können wir es sowohl an Mitglieder als auch an Nichtmitglieder verkaufen.

Aufdruck für das gestaltete T-Shirt der © EHRENBERG Schülergenossenschaft Delitzsch

Darüber hinaus verfügt unsere Schule gegenwärtig nicht über ein Schülercafé. Wir sind der Meinung, dass dies geändert werden sollte und sehen das Potenzial dazu in der Schülergenossenschaft. Hier könnten Ideen gesammelt, Kräfte gebündelt und die Geschäfte verwaltet werden. Daher steht der Aufbau eines Schülercafés weit oben auf der Liste der Pläne für die Zukunft. Um erste Erfahrungen im Verkauf von Speisen und Getränken zu sammeln, wurden im letzten Jahr zwei "Burgerbasare" veranstaltet, auf denen selbst hergestellte Hamburger an Lehrer und Schüler verkauft wurden. Auf dieser Basis wollen wir in der Zukunft aufbauen.

Organisation und Arbeitsweise

Der Vorstand führt die Geschäfte der Schülergenossenschaft und trifft alltägliche Entscheidungen. Dennoch kann jedes Mitglied Vorschläge und Ideen einbringen, über die dann in einer größeren Gruppe diskutiert und entschieden wird. Zur besseren Aufteilung der Aufgaben wurden Untergruppen geschaffen, die jeweils einen Verantwortlichen haben, der an den Vorstand berichtet. So gibt es Abteilungen für IT und Außenkontakt, Einkauf, Finanzen, Verkauf und Mitgliederanmeldung, Produktion und Lager sowie eine für Marketing und Gestaltung. Die Abteilungen sind untereinander allerdings nicht so scharf abgegrenzt, dass jemand aus dem Produktionsteam nicht auch eine gute Idee für den Verkauf einbringen könnte oder umgekehrt. Bei größeren Aufgaben arbeiten alle Verantwortlichen Hand in Hand und übernehmen – wenn nötig – auch Aufgaben des jeweils anderen. Anschaulich wird das am Beispiel der "Movie-Midnight", die im April 2018 stattfand. Derjenige, der die Idee hatte, übernahm die Leitung des Organisationsteams und verteilte die Aufgaben. Das notwendige Einverständnis der Schulleitung wurde eingeholt, ein Plan zum

Ablauf der Veranstaltung erstellt, Plakate und Flyer entworfen und die Anmeldung organisiert. Die gute Zusammenarbeit führte schließlich zum Erfolg. Der Abend war für die Teilnehmer unterhaltsam und eine gelungene Abwechslung zum Schulalltag. Gleichzeitig hat sich die Genossenschaft nach außen hin profilieren können. Auch das wollen wir in der Zukunft weiterführen.

Gruppenbild engagierter Mitglieder

© EHRENBERG Schülergenossenschaft Delitzsch

Herausforderungen und Probleme

Alle Mitglieder investieren ihre Freizeit in dieses Projekt. Wenn schulische oder private Verpflichtungen wie Hausaufgaben, Klassenarbeiten oder Klausuren dem entgegenstehen, gehen diese selbstverständlich vor. So kann es teilweise vorkommen, dass Fristen nicht eingehalten werden und für andere mehr Arbeit entsteht. Daraus können sich Konflikte entwickeln, die aber im Allgemeinen rasch beigelegt werden. Ein weiteres Problem ist die Kommunikation untereinander. Missverständnisse oder nicht erhaltene Nachrichten können zu Fehlentscheidungen führen, die nach außen hin negativ wirken.

Außerdem ist es schwierig, Nachwuchs zu finden. Sowohl der Vorstand als auch der Aufsichtsrat bestehen ausschließlich aus Schülern der Klassenstufen 10 bis 12, obwohl das nicht den Altersschnitt innerhalb der Genossenschaft widerspiegelt. Wenn es uns nicht gelingt, im nächsten Jahr jüngere Schüler für beide Gremien zu gewinnen, hat das Projekt "Schülergenossenschaft" an unserer Schule keine Zukunft. Vorsichtiger Optimismus ist allerdings erlaubt, denn in den künftigen achten und neunten Klassen gibt es durchaus Schüler, die sich dafür begeistern lassen.

Im Mai 2018 hat die Schülergenossenschaft ihr erstes Geschäftsjahr erfolgreich abgeschlossen. Vorstand und Aufsichtsrat sind neu gewählt worden und planen nun eifrig die Vorhaben des neuen Geschäftsjahres. Die Schülergenossenschaft verfügt nun über einen frisch renovierten Raum, in dem zwei PC-Arbeitsplätze und eine neue Kücheneinrichtung für das Schülercafé Platz gefunden haben.

Zu den Autoren

Tom Heintke und Michael Schmidt sind Schüler des Christian-Gottfried-Ehrenberg-Gymnasiums in Delitzsch und zugleich Gründungs- und Vorstandsmitglieder der EHRENBERG Schülergenossenschaft Delitzsch.

Veranstaltungen und ausgewählte Aktivitäten der Deutschen Hermann-Schulze-Delitzsch-Gesellschaft 2018

Das Highlight des Jahres 2018 war zweifelsohne das 23. Delitzscher Gespräch am 12. April, dessen Referate in dieser Publikation abgedruckt sind. Zugleich fand an diesem Tag die Mitgliederversammlung der Deutschen Hermann-Schulze-Delitzsch-Gesellschaft statt.

Im März besuchte der sächsische Ministerpräsident gemeinsam mit dem Innnenminister Roland Wöller das Deutsche Genossenschaftsmuseum, um sich über die Genossenschaftsidee und ihren Ursprung zu informieren. Große Aufmerksamkeit schenkte Kretschmer den Ausführungen zu den Schülergenossenschaften (siehe den letzten Beitrag in diesem Band) wie auch zu den künftigen Vorhaben der Gesellschaft.

Das neue Corporate Design, die aktuelle Homepage und das Marketingkonzept für die Deutsche Hermann-Schulze-Delitzsch-Gesellschaft e. V. wurden 2017 über LEADER-Mittel teilfinanziert. Sicher auch ein Grund dafür, warum das Deutsche Genossenschaftsmuseum im Juni 2018 für die Übergabe der neuen LEADER-Fördermittelbescheide den feierlichen Rahmen bot.

Am 19. Juni besuchte Manuel Andrack das Deutsche Genossenschaftsmuseum, denn der Wanderer und Buchautor Andrack nahm das 200jährige Geburtsjubiläum von Friedrich Wilhelm Raiffeisen (1818–1888) zum Anlass, um innerhalb einer „Raiffeisen-Tour 2018" genossenschaftliche Einrichtungen und Erinnerungsstätten bundesweit zu besuchen. Seine Tour wurde im reichlich bebilderten Band „Auf den Spuren einer Idee. Die Raiffeisen-Tour 2018 – Manuel

Andrack entdeckt Genossenschaften in Deutschland“ (Herausgeber: Deutsche Friedrich-Wilhelm-Raiffeisen-Gesellschaft e. V., 2018) dokumentiert.

Nach drei Jahren erfolgreicher Tätigkeit wechselt der bisherige Kurator Philipp Bludovsky Ende Juli wieder nach Leipzig, um dort einen Museumsbau zu leiten und inhaltlich zu verantworten. Der neue Kurator Dr. Thomas Keiderling, der seinen Dienst am 1. August antrat, kommt auch wieder aus Leipzig. Er ist Historiker und Medienwissenschaftler der umfassend zur regionalen Sozial- und Wirtschaftsgeschichte des 19. und 20. Jahrhunderts publiziert hat.

Im August wurde ein lang geplantes Vorhaben endlich realisiert: Das Deutsche Genossenschaftsmuseum erhielt einen großen, plakativen Namens-Schriftzug an der Außenfassade zur Holzstraße hin. Damit wird nun weithin sichtbar auf das Museum und die bedeutendste historische Persönlichkeit der Stadt aufmerksam gemacht.

Schließlich eröffnete am Tag des offenen Denkmals – Sonntag, den 9. September – im Deutschen Genossenschaftsmuseum Delitzsch die Wanderausstellung „Das Beispiel nützt allein. Raiffeisen, seine Genossenschaften und ihre Ausstrahlung in die Welt“. Die Exposition wurde anlässlich des 200. Geburtstags von Raiffeisen vom Institut für Geschichtliche Landeskunde der Universität Mainz konzipiert. Zirka drei Wochen war sie auf der unteren Etage des Museums zu besichtigen und lockte viele zusätzliche Besucher in das Haus. Auf der ebenfalls gut besuchten Finissage der Wanderausstellung sprachen am Vormittag des 27. September die beiden stellvertretenden Vorsitzenden der Deutschen Friedrich-Wilhelm-Raiffeisen-Gesellschaft – Josef Zolk und der Deutschen Hermann-Schulze-Delitzsch-Gesellschaft – Dr. Manfred Wilde. Ihnen ging es darum, die Hauptanliegen der Gründungsväter zu benennen und im Vergleich

Gemeinsamkeiten und Unterschiede herauszuarbeiten. Beide Referenten haben zur Thematik einschlägig publiziert und gelten als Kenner der Materie.

Das neue Jahr wird ganz im Zeichen der Umgestaltung der unteren Museumsetage stehen, wozu wir uns im nächsten Heft unserer Schriftenreihe äußern werden.

Dr. Thomas Keiderling

Leitender Kurator des Deutschen Genossenschaftsmuseums Delitzsch

Besuchen Sie das Deutsche Genossenschaftsmuseum in Delitzsch – individuell oder auch als Gruppe!

Unsere Öffnungszeiten: Dienstag bis Freitag 14 – 17 Uhr

Auf Voranmeldung sind Gruppenbesuche jedoch auch zu anderen Zeiten möglich. Gern können Sie zudem Veranstaltungen im kleinen Rahmen (bis 20 Personen) bei uns im Museum auf Anfrage durchführen.

Nehmen Sie Kontakt zu uns auf! Sie erreichen uns per E-Mail, Telefon, Kontaktformular auf der Homepage und natürlich persönlich vor Ort.

Postadresse: Kreuzgasse 10, 04509 Delitzsch

E-Mail: info@dhsdg.de **Telefon:** 03 42 02 / 63 86 4

Internetauftritt: https://genossenschaftsmuseum.de/